排球

全民健身项目指导用书

谭世文　刘智华◎主编

吉林出版集团股份有限公司　全国百佳图书出版单位

图书在版编目（CIP）数据

排球 / 谭世文，刘智华主编. -- 2版. -- 长春：
吉林出版集团股份有限公司，2010.2(2024.8 重印)
全民健身项目指导用书
ISBN 978-7-5463-2374-9

Ⅰ. ①排… Ⅱ. ①谭… ②刘… Ⅲ. ①排球运动－基
本知识 Ⅳ. ①G842

中国版本图书馆 CIP 数据核字(2010)第 028404 号

全民健身项目指导用书

排　球

PAIQIU

主　　编　谭世文　刘智华
责任编辑　李婷婷
封面设计　吕宜昌
开　　本　650mm×960mm　1/16
印　　张　8
字　　数　60千
版　　次　2010年2月第2版
印　　次　2024年8月第4次印刷

出版发行　吉林出版集团股份有限公司
地　　址　吉林省长春市福祉大路5788号
邮　　编　130000
电　　话　0431-81629968
电子邮箱　11915286@qq.com
印　　刷　三河市金兆印刷装订有限公司

书　　号　ISBN 978-7-5463-2374-9　定　价　39.80元

序 言

自1995年我国政府推出《全民健身计划纲要》以来，我国群众性体育活动蓬勃发展，取得了显著的成绩。2008年，举世瞩目的北京奥运会的成功举办，极大地激发了亿万人民群众的体育热情，增强了全社会的体育意识，营造了浓厚的全民健身氛围。面对这样的可喜局面，群众体育科研、教学工作者应义不容辞地为社会实践服务，从不同角度思考，如何使普通百姓通过简而易行的身体锻炼方式、方法和手段达到良好的健身效果，达到拥有健康的目标，从而享受生活、享受快乐人生。该书系就是在这样的思想指导下诞生的。

本书系能够顺应国家体育的大政方针，掌握时代脉搏，对指导大众健身，使大众掌握健身方法和手段有很好的促进作用。

本书系图文并茂，实用性强，分为球类运动、体操健身运动、传统武术、冰雪运动、水上运动、体育舞蹈、休闲运动、格斗运动、民间体育活动和极限运动等十大类项目，计100分册，按照统一的体例，力争有所创新。每册的具体内容为该项目的起源与发展、运动保健、基本技术、运动技巧、比赛规则等，使读者在学习过程中，不仅能够学会运动健身的方法，同时还能够学到保健方面的基本知识。

经国务院批准，自2009年起，将每年的8月8日定为“全民健身日”。《全民健身项目指导用书》的出版，必将为开展全民健身活动起到积极的推动和指导作用。

目录 CONTENTS

目录 CONTENTS

第一章 概述

排球运动是世界上开展最广泛、影响最大的体育运动项目之一，深受世界各国人民的喜爱。

第一节 起源与发展

排球运动起源于 19 世纪末的美国，在百余年的历史中，这项运动已经有了突飞猛进的发展。

起源

排球运动起源于 1895 的美国，由马萨诸塞州的基督教青年会干事威廉·摩根创立。起初，人们将网球网挂在高处，用篮球胆从网上托来托去，使其不落地。1896 年，霍尔斯泰德教授根据这项运动的比赛特点，提议将此项运动定名为“Volleyball”，即“空中击球”之意，并一直沿用至今。

发展

排球运动出现以后，很快在世界各地开展起来。随着排球运动技术水平的提高、规则的日臻完善，以及国际赛事的举办，排球运动逐步走上了规范化的道路，并成为全民健身运动的有机组成部分。

传播

第一次世界大战期间，排球运动被美国军队带到了欧洲。排球运动于 1914 年传入英国，于 1917 年传入法国，于 1918 年传入意大利和南斯拉夫，于 1920 年传入前苏联、波兰等国，并迅速得到普及和推广。

1923 年，排球运动传播到非洲的埃及、突尼斯和摩洛哥等地。

排球运动在亚洲各国的发展也很快，于 1900 年传入印度，于 1905 年传入中国，于 1908 年传入日本，于 1910 年传入菲律宾。

随着排球运动技术水平的提高，一些国家相继成立了排球运动协会。人们也渴望在国家与国家之间成立一个统一的、有组织的、开展国际竞赛与交流的组织和机构。1946 年，法国、捷克斯洛伐克和波兰 3 个国家倡议成立国际排球联合会。1947 年，国际排球联合会在巴黎成立。

在 1964 年第 16 届墨尔本奥运会上，排球运动被正式列入奥运会比赛项目。为了进一步推广排球运动的发展，1988 年国际排联制定了《世界排球发展计划》，1995 年又推出了《世界排球 2001 计划》。

机构与赛事

机构

国际排球联合会(FIVB)简称国际排联，现有 218 个协会会员，分属欧洲、亚洲、非洲、中北美和加勒比地区、南美 5 个洲级排球联合会。

我国排球协会于 1952 年成为国际排球联合会的临时会员，于 1953 年成为其正式会员，于 1958 年退出，于 1974 年恢复正式会员资格。

赛事

(1)奥运会排球赛，每 4 年 1 届；

(2)世界排球锦标赛，每 4 年 1 届；

(3)世界杯排球赛，每 4 年 1 届；

(4)世界青年排球锦标赛，每 2 年 1 届；

(5)世界女排大奖赛，每年 1 届；

(6)世界男排联赛，每年 1 届。

发展趋势

国内趋势

20 世纪 80 年代初，中国女子排球队在世界上曾取得过五连冠的辉煌战绩，但到了 20 世纪 80 年代后期，中国男排和女排先后陷入低谷。我国于 1995 年进行了排球赛制改革，于 1996 年推出了第 1 届全国排球联赛。改革和排球的职业化为我国排球运动注入了新的发展动力。

排球运动属于集体性运动，不仅可以强身健体，而且能够加强参与者的团队合作精神，是老少皆宜的体育运动项目。

随着我国经济的持续发展，人们生活水平不断提高，健康已经成为人们追求高质量、高品质生活所最关心的问题。尤其是在《全民健身计划纲要》实施以来，全民健身运动在全国范围内蓬勃发展，具有中国特色的全民健身体系的框架已经初步形成，越来越多的人重视并参与到健身运动中来。排球以其独特的魅力，已经发展成为全民健身运动不可缺少的重要组成部分，受到了越来越多的健身爱好者的喜爱。

国外趋势

随着排球运动的发展，世界排坛多年来形成了以快速多变为主体的亚洲型和以高打强攻为主体的欧洲型两种主要的风格。随着国际交流的加强和技战术水平的发展，两种风格正在不断取长补短，互为所用，逐步缩小着彼此之间的差别。

第二节

场地、器材和装备

排球运动对场地、器材和装备都有一定的要求，高质量的场地是运动得以开展的前提条件，而良好的器材和装备则是运动参与者高技术水平发挥的必要保障。

场地

排球场地是开展排球运动的必备条件，也是初学者应该了解的内容之一。下面主要介绍一下排球场地的规格、设施和要求。

规格

见图 1–2–1

(1)比赛场地呈长方形，长 18 米，宽 9 米；

(2)场地四周的长边称为边线，短边称为端线，在网下连接两条边线中点的线称为中线，中线将场地分为长 9 米、宽 9 米的两个面积相等的场区；

(3)场地上距离中线 3 米处各有一条与边线相交的进攻线，进攻线为无限延长线，进攻线前为前场区，进攻线后为后场区；

(4)在两条边线的延长线上各有一条距离端线 20 厘米，并垂直于端线的 15 厘米短线，两条短线之间的区域为发球区，发球区的深度延至无障碍区的终端；

（5）场地内所有的画线均宽 5 厘米，颜色应为与地面和其他画线不同的浅色；

（6）两条进攻线的延长线与记录台一侧边线外的范围为换人区。

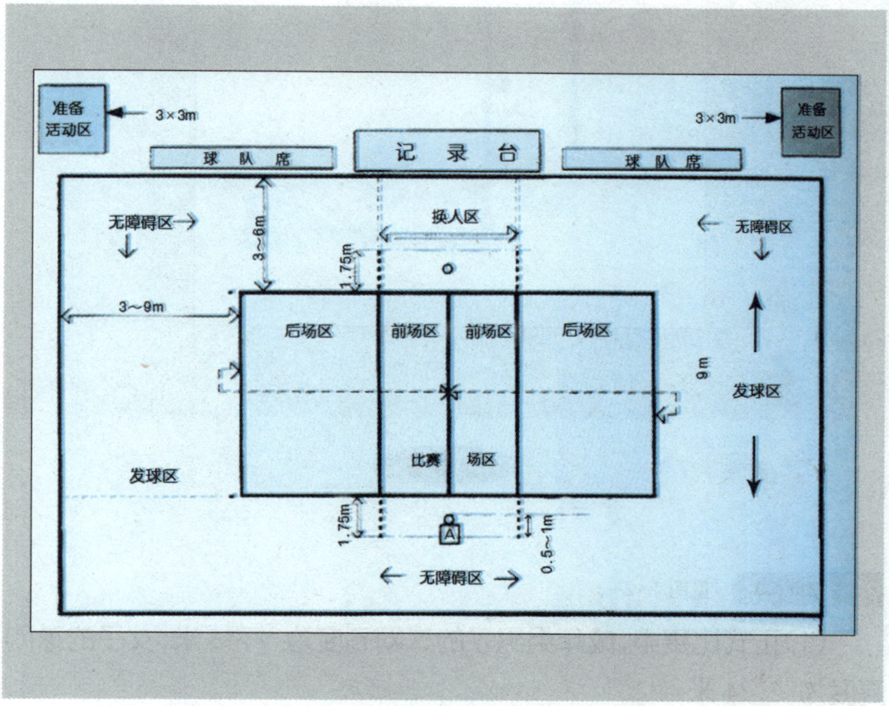

图 1-2-1

设施

网柱 见图 1-2-2

（1）网柱是两根高 2.55 米，可以调节高度的光滑圆柱；

（2）网柱一般有拉链式和插穴式两种，正式比赛要求采用插穴式网柱；

（3）两根网柱应固定在距离边线 0.5～1 米的中线的延长线上。

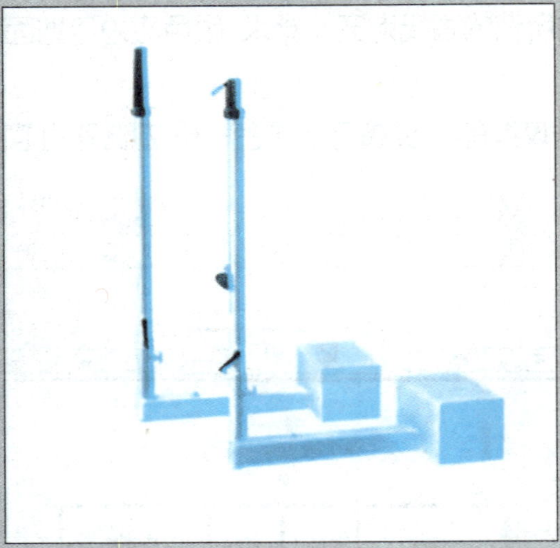

图 1-2-2

球网 见图 1-2-3

(1)正式比赛中，成年组男子的球网高度为 2.43 米，女子的球网高度为 2.24 米；

(2)少年组男子的球网高度为 2.24～2.35 米，女子的球网高度为2～2.15 米；

(3)球网为黑色，长为 9.5～10 米，宽为 1 米，网眼直径为 10 厘米；

(4)标志带安置在球网两端，垂直于边线，宽为 5 厘米，长为 1 米，颜色为白色；

(5)标志带外，沿球网的不同侧设有两根标志杆，直径为 1 厘米，长为 1.8 米；

(6)标志杆高出球网 80 厘米，高出部分每 10 厘米涂有对比明显的颜色，最好是红白相间。

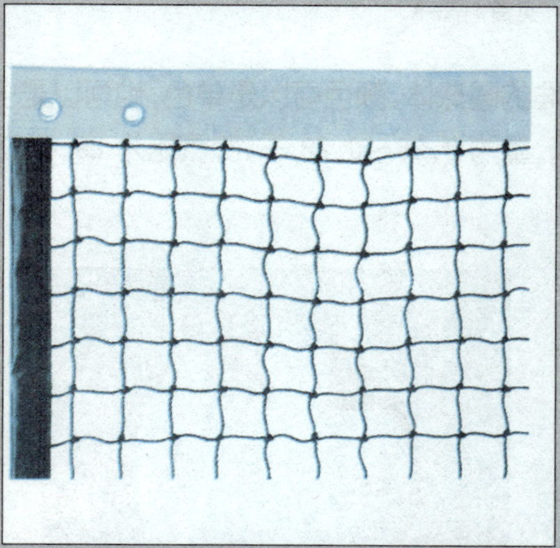

图 1-2-3

要求

(1)场地四周至少要有 3 米宽的长方形对称无障碍区；

(2)从地面量起至少有 7 米的无障碍空间；

(3)场地的地面必须平坦；

(4)室外场地每米要有 5 毫米的坡度，以便排水；

(5)不能用任何坚硬的物体作为场地界限。

器材

进行排球运动的必备器材就是排球，良好的器材是排球运动开展的重要保障。

规格 见图 1-2-4

排球呈标准的圆球体，颜色可以是单色，也可以是多色。球的圆周为 65～67 厘米，重为 0.26～0.28 千克，气压为 29.4～31.85 千帕。

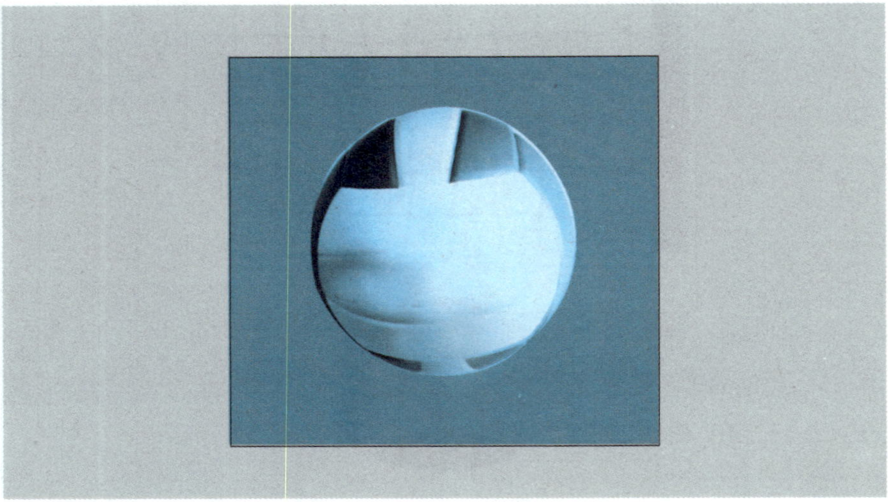

图 1-2-4

材质

排球的外壳由柔软的皮革或人造革制成，内装由橡皮或类似材料制成的球胆。

装备

在进行排球运动时，舒适、合体的装备对运动参与者不但有安全保护作用，还有助于其技战术水平的充分发挥。

服装　见图 1-2-5

服装应随项目、季节的变化而调整。夏天炎热，运动参与者宜穿短袖、短裤；冬天寒冷，运动参与者要注意服装的保暖性，最好穿吸汗、透气性好的棉质运动服。

图 1-2-5

球鞋　见图 1-2-6

选择一双好的球鞋是运动参与者自我保护的重要前提。一般来说，运动参与者在运动时应穿着弹性好、摩擦力强的运动鞋，这样可以缓冲脚底的压力，以防止关节受到损伤。

图 1—2—6

护具

见图 1—2—7

排球运动对身体各个关节的要求较高，运动参与者在运动前应选择适合自己的护具。常用的护具有护指、护肘、护膝和护腕等。

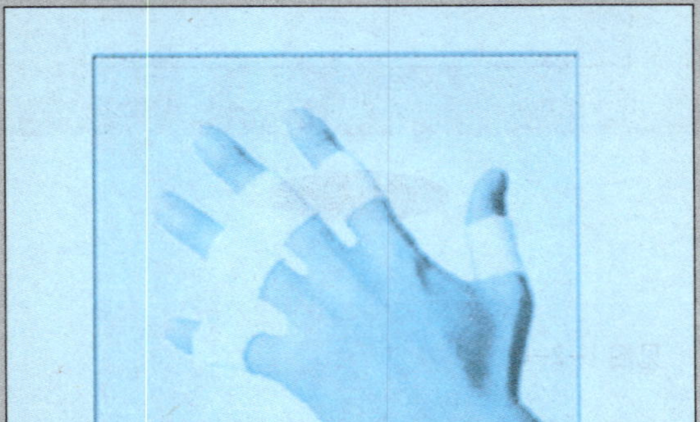

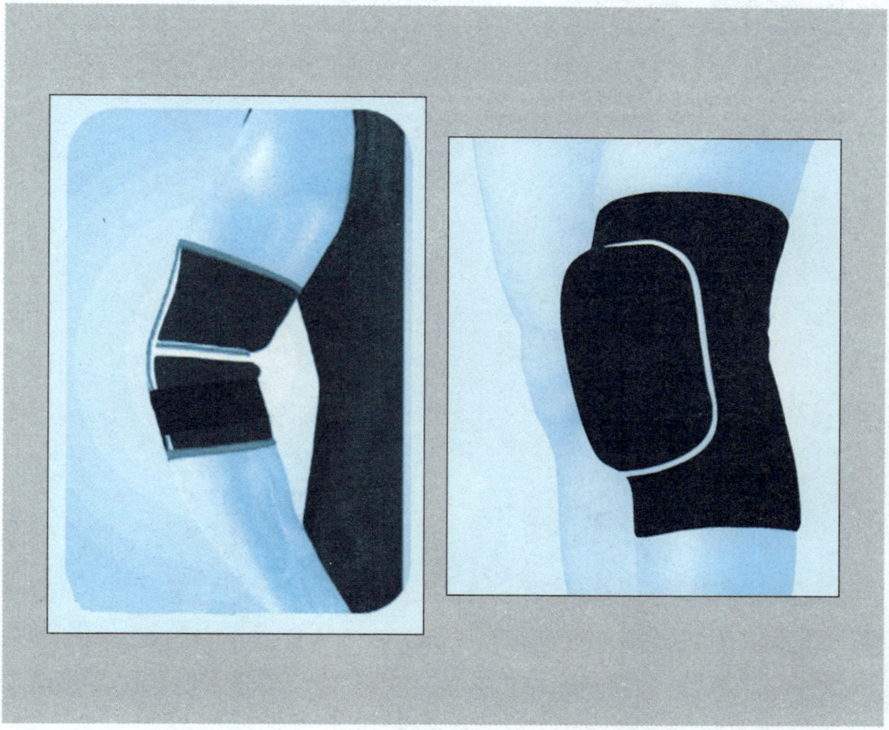

图 1-2-7

第二章 运动保健

体育运动对增强体质、预防疾病和促进健康具有良好的作用。但是，并非所有人从事相同的运动都会达到同样的效果。对于同一种运动负荷，不同人机体的反应差异是很大的，即使同一个体，在不同时期、不同机能状态下，对同一负荷的反应及效果也是不一样的。因此，对于不同个体，应制定适合其机能需要的运动强度、时间、频率和持续周期。从事体育锻炼一定要讲究科学性，使机体最大限度地获得运动价值，使某些疾病得到有效的防治。

第一节 自我身体评价

自我身体评价是指根据个体的不同情况以及简单的功能评定标准，对锻炼者进行身体评价，并以此为依据，确定具体的锻炼内容。

适宜人群

体适能是全身适应性的一部分，是人体精神和体力对现代生活的适应能力。为了促进健康，预防疾病，提高生活质量和工作学习效率，几乎所有人都可以追求健康体适能，而且经过简单的评价和测试，均可以成为目标人群，即适宜人群。

健康体适能评价标准

健康体适能是指身体有足够的活力和精力处理日常事务，而不会感到过度疲劳，并且还有足够的精力去享受休闲活动和应对突发事件。

健康体适能是确定锻炼者是否为运动适宜人群的主要依据。目前的评价标准主要包括国民体质测定标准、学生体质测定标准和普通人群体育锻炼标准等。

国民体质测定标准主要包括形态指标、机能指标和素质指标 3 个部分，各项指标的测定结果均为 1～5 分，共 5 个级别。凡各项指标达不到 4 分或 5 分者，均应被纳入健身人群。

学生体质测定标准分为优秀、良好、及格和不及格 4 个级别。优秀水平以下者，均应被纳入健身人群。

普通人群体育锻炼标准分为 5 个级别，凡达不到 4 分或 5 分者，均应被纳入健身人群。

简易运动功能评定

简易运动功能评定的目的在于确定锻炼者有无运动禁忌症或临时运动禁忌的情况，即是否适合参加体育锻炼，以达到防备万一、避免意外事故发生的目的。目前通行的方式为 3 分钟踏台阶测试。

目的

测试锻炼者运动后心率恢复的情况，以评估其心肺功能。

器材 见图 2–1–1

30 厘米高的长凳、节拍器、秒表和时钟。

图 2–1–1

步骤 见表 2–1–1

（1）节拍器设定为每分钟 96 次，锻炼者依"上上下下"的节拍运动 3 分钟。

（2）锻炼者完成 3 分钟踏台阶后，5 秒钟内开始测量其脉搏，时间为 1 分钟，记录其心率，并依据下表评价其功能水平。

（3）运动后心率越低，证明其心肺功能越好。在运动强度允许的范围内，锻炼者可选择运动强度的较高值来进行运动。

表 2–1–1　3 分钟踏台阶测试评价表

	年龄(岁)	欠佳(次)	尚可(次)	一般(次)	良好(次)	优异(次)
男士	18~25	>115	105~114	98~104	89~97	<88
	26~35	>117	107~116	98~106	89~97	<88
	36~45	>119	112~118	103~111	95~102	<94
	46~55	>122	116~121	104~115	97~103	<96
	56~65	>119	112~118	102~111	98~101	<97
	65+	>120	114~119	103~113	96~102	<95
女士	18~25	>125	117~124	107~116	98~106	<97
	26~35	>128	119~127	111~118	98~110	<97
	36~45	>128	118~127	110~117	102~109	<101
	46~55	>127	121~126	114~120	103~113	<102
	56~65	>128	118~127	112~117	104~111	<103
	65+	>128	122~127	115~121	101~114	<100

注意事项

如锻炼者经过努力仍无法达标，或出现头晕、胸闷、出冷汗等症状，应立即终止测试。运动中应特别考虑运动强度，以防止出现意外。

锻炼目标

锻炼目标应根据锻炼者不同的身体状况来确定，可分为近期目标和远期目标。此外，确定锻炼目标还应结合锻炼者的运动意向、愿望、兴趣，以及本人的健康状况、疾病程度等因素来进行。

近期目标

近期目标是指锻炼者近期应达到的目标。在进行运动之前，应首先明确锻炼目标，即近期目标。选择一两个健康体适能构成要素，作为未来两个月内努力完成的目标，而且应从成功概率较高的构成要素开始，并将预期两个月后要达到的目标做上记号，如提高某个或某些关节的活动幅度，增强某个肌肉群的力量等。

远期目标

远期目标是指锻炼者最终要达到的目标。实践证明，经过科学合理的锻炼后，锻炼者是可以达到一般的远期目标的，如提高心肺功能，使其达到优秀的等级，或达到降血脂、防治高血压和冠心病的目的等。

运动负荷

运动负荷即运动量。怎样控制运动量，合适的运动时间是多少等，一直是人们争论不休的问题。但有一点是可以肯定的，那就是任何有关身体活动的意见和建议，都需要综合考虑锻炼者的身体状况和所要达到的目标，并以此为依据来制订科学的身体锻炼计划。

运动强度

在运动过程中，运动强度过小，则无法达到锻炼的效果；运动强度过大，不仅达不到最佳的锻炼效果，还可能产生一些副作用，甚至出现意外事故。确定运动强度有两种方法，即心率简易推测法和主观感觉疲劳分级表推测法。

心率简易推测法

（1）年龄在 20 岁左右的年轻人，身体健康，能坚持体育锻炼，欲进一步提高身体机能，可取最大心率值（最大心率值 =220－年龄）的 65%～85%。

（2）年龄在 45 岁以下，身体基本健康，有运动习惯者，开始进行健身锻炼，可取最大心率值的 65%～80%，没有运动习惯者，开始进行健身锻炼，可取最大心率值的 60%～75%。

（3）年龄在 45 岁以上，身体基本健康，有运动习惯者，开始进行健身锻炼，可取最大心率值的 60%～75%，没有运动习惯者，建议根据自身情况咨询专业人员来指导和确定运动强度。

主观感觉疲劳分级表推测法

见表 2–1–2

运动的疲劳程度大致分为 10 级，具体为：0～1 级，没感觉；2～3 级，尚轻松；4～5 级，稍累；6～7 级，累；8～9 级，很累；10 级，精疲力竭。因此，健身锻炼的运动强度应控制在主观感觉疲劳程度的 4～7 级。

表 2–1–2　主观感觉疲劳分级表

0 没感觉	·	2 尚轻松	·	4 稍累	·	6 累	·	8 很累	·	10 精疲力竭

运动频率

运动频率是指每日及每周锻炼的次数。一般每周锻炼 3～4 次，即隔日锻炼 1 次即可。有充足的休息时间，可使机体得到充分的休息，收到更好的锻炼效果。

运动持续时间

运动强度和运动持续时间，决定了一次锻炼的运动量和热量消耗。运动持续时间与运动强度成反比，运动强度大，运动持续时间可相应缩短，运动强度小，则运动持续时间应相应延长。

一般的健身锻炼，运动持续时间以每天 20～60 分钟为宜，其中包括准备活动时间、健身锻炼时间和整理活动时间。每次健身锻炼应在 20 分钟以上，锻炼可一次性完成，也可分段进行，但每段的活动时间应在 10 分钟以上。

第二节 运动价值

运动价值是人们一直在探讨的问题。一般认为，运动具有两方面的价值，即健身价值和心理价值。身体和精神的健康是相互依存的，伴随着身体功能的改善，精神状况也能同时得到改善。

健身价值

健身价值在于提高体适能。体适能包括心肺耐力素质、肌肉力量素质、柔韧性素质和身体成分等。体适能的发展是积极从事锻炼的结果，只有规律性的体育锻炼才能达到最佳的体适能。

提高心肺耐力素质

心肺耐力是指全身肌肉进行长时间运动的持久能力，是体内心肺系统对身体各细胞的供氧能力。人体的心脏、肺、血管、血液等组织的功能是心肺耐力的基础，它们与氧气和营养物质的输送以及代谢物的清除有关。健全的心肺功能是健康的基本保证。

系统的体育锻炼，可以使心肌增厚，收缩力加强，心室容积增大，从而使心脏的泵血功能增强，表现为心血输出量增加。

系统的体育锻炼，呼吸系统机能也将得到提高，表现为呼吸肌的力量增强，肺活量、肺通气量明显增加，保证对机体供氧的能力。

系统的体育锻炼，可以促进血管系统的形态、机能和调节能力产生良好的适应力，从而提高机体的工作能力。

系统的体育锻炼，可以使血液系统产生某些适应性变化，如血容量增加、血黏度下降、红细胞膜弹性增强和红细胞变形能力增强等。

提高肌肉力量素质

肌肉力量是指肌肉最大收缩产生的对抗阻力或负荷的能力。肌肉力量只有达到一定的程度，才能克服外界阻力，而克服外界阻力是维持日常生活自理、从事各种劳动和运动的必要前提。

系统的体育锻炼，可以提高肌肉的生理横断面积，可以改善神经系统对肌肉收缩的支配功能，还可以提高肌肉内代谢物质的储备量，使肌肉力量得到提高。

提高柔韧性素质

柔韧性是指人体各关节的活动幅度，即关节的肌肉、肌腱和韧带等软组织的伸展能力。柔韧性对于保证正常生活质量、维持正常体态、预防损伤发生和减轻损伤程度等方面均起到至关重要的作用。

系统的体育锻炼，还可以延缓因年龄因素而导致的柔韧性下降，预防因缺乏运动而导致的关节结构、周围软组织和膝关节肌肉退化，从而使锻炼者的日常生活、劳动和运动等更加充满活力。

改善身体成分

身体成分是指人体体重中的脂肪组织和去脂组织的重量百分比。身体成分中的脂肪成分增加，肌肉成分必然下降。身体中不具备收缩功能的脂肪组织增加，必然导致身体进行各种活动的能力下降，基础代谢水平降低，肥胖症、冠心病、高血压、糖尿病、高血脂等慢性疾病发病率的提高。因此，身体成分是保证人体健康的重要内容之一。

通过系统的体育锻炼，随着锻炼者体质的增强，热量消耗便随之增加，进而燃烧掉体内多余的脂肪，使身体成分得到改善。而身体成分的改善，又可以减少体重对关节可能带来的不利影响，还可以使肥胖者的心理状况得到改善，增强其自信心，使其逐步建立起健康的生活方式。

心理价值

研究证明，有规律的体育锻炼不但可以使锻炼者增强体质、促进身体健康、预防一些慢性疾病，还可以提高锻炼者的生活满意度和生活质量，对其心理健康产生积极影响。

体育锻炼的心理健康效应主要表现在六个方面：

改善情绪状态

短期效应

研究发现，体育锻炼对人的情绪状态具有显著的短期效应。运动后人们的焦虑、抑郁、紧张和心理紊乱等症状会明显减轻，而精力和愉快程度则明显增强。而且这种情绪的迅速变化，与锻炼者个体的健康状况、活动形式和活动强度等有着直接的联系。

长期效应

体育锻炼对人情绪的长期效应有着直接的影响，与不锻炼者相比,有规律的锻炼者在较长时期内很少会产生焦虑、抑郁、紧张和心理紊乱等情绪。

完善个性行为特征

见表 2-2-1

人们的行为特征一般可以分为两种类型，用 A 型行为特征和 B 型行为特征来表示。A 型行为特征主要表现为性情急躁、争强好胜、容易激动、整天忙碌和做事效率高等。B 型行为特征主要表现为不好竞争、不易紧张、不赶时间、对人随和、喜欢自由自在等。具有 A 型行为特征的人由于过度紧张的情绪反应，会引起内分泌失调，增加心脏病发病的概率。目前的一些研究主要集中在体育锻炼对改变 A 型行为特征的作用方面。研究结果表明，有规律的体育锻炼能明显改变 A 型行为特征。

表 2-2-1　A、B 型个性行为特征常见表现

A 型行为特征者常见表现	B 型行为特征者常见表现
约会从来不迟到	对约会很随便
竞争意识很强	竞争意识不强
别人要讲话时总爱抢先或插话	是别人讲话时很好的听众
总是匆匆忙忙	即使有压力也从不匆忙
等待时缺乏耐心	能够耐心等待
干事时全力以赴	处事漫不经心
同时想干很多事	在一段时间里只干一件事情
讲话喜欢用加强语气,甚至敲桌子	讲话语速缓慢、不慌不忙
做了好事希望能得到别人的认可	只要自己满意即可,不管别人怎样想
吃饭、走路都很快	做事情很慢
不善与人相处	为人随和
容易暴露自己的感情	能控制自己的感情
具有广泛的兴趣	没什么业余爱好
雄心壮志	满足于目前的工作和学习状况

确立良好自我概念

自我概念是指个体对自己身体、思想和情感的主观整体评价，它由许多自我认识组成，包括我是什么人、我主张什么和我喜欢什么等。

坚持体育锻炼，可以使锻炼者体格强健、精力充沛、提高驾驭身体的能力，从而改善对自身的满意程度，确立良好的自我概念。

改变睡眠模式

根据脑电图的显示，人的睡眠可以分为两种状态，即慢波睡眠状态和快波睡眠状态。前者为浅度睡眠状态，后者为深度睡眠状态。一夜之间两种睡眠状态会交替发生 4～5 次。

有规律的体育锻炼不仅对慢波睡眠有促进作用，而且能缩短入眠的潜伏期，并延长睡眠的时间。

改善认知能力

体育锻炼还能改善人的认知过程，避免反应时间过长、注意力不集中和思维混乱等症状的发生，尤其对老年人的认知能力改善效果更为明显。

增加心理治疗效应

体育锻炼被公认为是一种心理治疗的好方法。目前人群中常见的心理疾患是抑郁症和焦虑症。研究发现，体育锻炼是治疗抑郁症的有效手段之一，抑郁症患者经过有规律的体育锻炼，抑郁症状能明显减轻。

体育锻炼还具有治疗焦虑症的作用，通过有规律的体育锻炼，可以使锻炼者的焦虑症状明显改善。

第三节 运动保护

在运动过程中，人体机能会随时发生变化。因此，应针对这种机能变化的特点来进行体育锻炼，也就是我们所说的运动保护。运动保护一般包括运动前准备、运动后放松和自我养护三个方面。

运动前准备

准备活动是指在正式运动之前进行的有目的的身体练习。做好充分的准备活动，可以缩短机体进入最佳状态的时间，同时还可以预防运动损伤的发生，为机体发挥最大的工作效率做好功能上的准备。

准备活动的作用

提高中枢神经系统兴奋状态

(1)使大脑反应速度加快，参加活动的运动中枢神经相互协调。

(2)为正式运动时生理机能达到适宜程度提前做好准备。

提高机体代谢水平

(1)准备活动可以使锻炼者体温升高，降低肌肉黏滞性，使肌肉的伸展性、柔韧性和弹性增强，从而有效预防运动损伤的发生。

(2)准备活动可以增强体内代谢酶的活性，使物质代谢水平提高，以保证运动时有较充分的能量供应。

克服内脏器官生理惰性

(1)准备活动可以提高心血管系统和呼吸系统的机能水平，使肺通气量及心血输出量增加。

(2)可以使心肌和骨骼肌的毛细血管扩张，使其工作肌获得更多的氧，从而克服内脏器官的生理惰性，使之尽快达到最佳状态。

增加皮肤毛细血管血流量

准备活动可以使皮肤毛细血管的血流量增加，运动后毛细血管扩张，有利于散热，降低体温，有效防止开始正式活动时由于体温过高而影响运动能力。

准备活动要求

准备活动时间

（1）准备活动的时间可以根据运动项目的具体情况确定，一般以10～30 分钟为宜。

（2）准备活动与正式运动的间隔时间，一般以不超过 15 分钟为宜，可以在做完准备活动后立刻进行正式运动。

准备活动强度

（1）准备活动的强度和量应较正式运动小，以免引起不必要的疲劳。

（2）准备活动的量可以由心率来决定，心率以 100～120 次 / 分为宜。

准备活动内容

一般性准备活动

一般性准备活动的内容多以伸展运动开始，然后进行一般性的跑步、徒手体操等活动。

下面介绍一套常用的一般性准备活动操，供锻炼者运动前使用。这套活动操主要包括头部运动、肩部运动、扩胸运动、体侧运动、体转运动、髋部运动和踢腿运动等。

图 2–3–1

头部运动

头部运动的动作方法（见图2-3-1）：两手叉腰，两脚左右开立，做头部向前、向后、向左、向右，以及绕环运动。

肩部运动

肩部运动的动作方法（见图2-3-2）：手扶肩部，屈臂向前、向后绕环，以及直臂绕环。

扩胸运动

扩胸运动的动作方法（见图2-3-3）：屈臂向后振动及直臂向后振动。

体侧运动

体侧运动的动作方法（见图2-3-4）：两脚左右开立，一手叉腰，另一臂上举，并随上体向对侧振动。

体转运动

体转运动的动作方法（见图2-3-5）：两脚左右开立，两臂体前屈，身体向左、向右有节奏地扭转。

髋部运动

髋部运动的动作方法（见图2-3-6）：两脚左右开立，两手叉腰，髋关节放松，向左、向右360度旋转。

图2-3-2

图2-3-3

踢腿运动

踢腿运动的动作方法(见图 2-3-7):两臂上举后振，同时一腿向后半步，重心置于前腿，两臂下摆后振，同时向前上方踢腿。

图 2-3-4

图 2-3-5

图 2-3-6

图 2-3-7

专门性准备活动

专门性准备活动的动作方法、节奏和强度等与正式锻炼相似，目的是使人体主要肌群在运动前得到动员，为正式锻炼做好准备。

运动后放松

运动后放松是指运动之后所进行的一些能够加速机体功能恢复的、较轻松的身体活动。与运动前准备活动相反，其目的是使锻炼者的生理机能水平逐步得到恢复。

放松方法

运动性手段

（1）运动结束后，锻炼者可采用变换运动部位的方法来消除疲劳，如上肢出现疲劳时可做一些慢跑运动，下肢出现疲劳时可做一些上肢运动。

（2）转换运动类型也是一种不错的放松方法，如打羽毛球出现疲劳时，可从事瑜伽运动来达到放松的目的。

（3）还可以用调整运动强度的方法来缓解疲劳，如可以在放松过程中，采用小强度的轻微运动方法等。

整理活动

见图 2–3–8

（1）整理活动是指运动后所做的一些能够加速机体功能恢复的身体活动，如剧烈运动后进行 3～5 分钟慢跑或其他整理活动，使身体机能得以恢复。

（2）剧烈运动后如不做整理活动而骤然停止动作，会影响氧气的补充和静脉血的回流，使机体血压降低，引起不良反应。

图 2-3-8

注意事项

（1）在进行整理活动时动作应缓慢、放松，运动量不要过大，否则会引起新的疲劳。

（2）在进行整理活动时，应当保持心情舒畅、精神愉快。

自我养护

锻炼后，锻炼者感觉身体疲劳是一种正常的生理现象，是体育锻炼过程中的正常反应，随着体育锻炼时间的延长，疲劳症状会自然消失。运动性疲劳出现后，锻炼者如果采用一些自我养护措施，可以加速身体机能的恢复，尽快消除疲劳，提高锻炼效果。常见的自我养护方法主要包括运动后休息、合理营养和物理手段等三种。

运动后休息

静止性休息

见图 2-3-9

（1）静止性休息是指锻炼者运动后保持机体相对的静止状态，以促进身体机能的恢复，尽快消除疲劳。

（2）静止性休息的最佳方式之一是睡眠，特别是刚开始从事锻炼者，身体不适应或疲劳症状明显时，更应该保证足够的睡眠，否则，锻炼者虽然积极参加了体育锻炼，但收效甚微，甚至会导致过度疲劳症状的发生。

（3）静止性休息更适合于消除全身运动导致的整体疲劳症状。

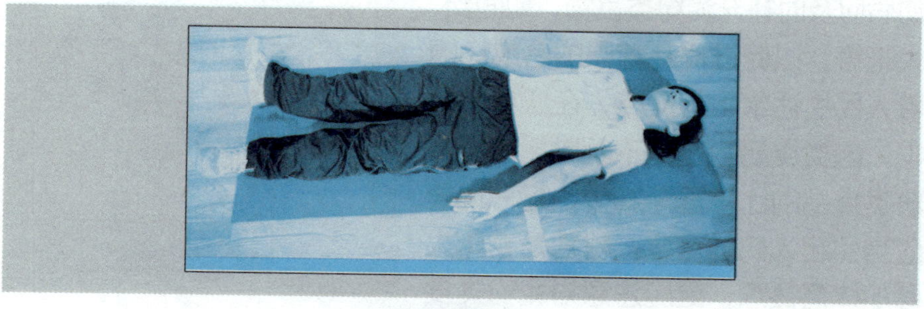

图 2-3-9

积极性休息 见图 2-3-10

（1）积极性休息更适合由于少量肌肉群参与工作而导致的局部疲劳，或运动强度较大而导致的快速疲劳。

（2）积极性休息可以加速血液循环，有利于代谢物排出体外，对促进身体机能的恢复具有明显的效果。

图 2-3-10

合理营养

见图 2–3–11

小强度、长时间的运动形式，主要是靠糖原的有氧代谢提供能量。运动后应及时补充淀粉类食物，如面粉、大米等，以促进消耗糖原的合成。随着人民生活水平的提高，在饮食结构中，肉类食品的比重不断增加，而淀粉类食品的比重逐渐减少，这一现象应当引起人们的注意，特别是老年人参加体育锻炼，更应注意对淀粉类食物的补充。

图 2–3–11

强度较大、时间又相对较长的运动形式，主要是靠糖原的无氧代谢提供能量。这样，糖原无氧代谢产物——乳酸便会在体内大量堆积。因此，运动后应多补充蔬菜、水果等碱性食品，以加速乳酸的清除，达到尽快消除疲劳的目的。

物理手段

按摩及牵拉

见图 2–3–12

(1)通过刺激神经末梢、皮肤结缔组织和毛细血管的按摩方法，可以使紧张的肌肉得以放松，从而改善局部组织和全身的血液循环，达到促进身体机能恢复的目的，这种方法可以在锻炼后马上进行。

(2)此外，还可以采取缓慢牵拉肌肉的方法，使收缩的肌肉得到充分的伸展放松。

水疗及电疗

(1)水疗包括芬兰式蒸汽浴、热水浴和桑拿浴等多种形式，主要作用是通过提高体温，促进血液循环，清除代谢物，以达到尽快消除疲劳、恢复体力的目的。

(2)水疗的时间一般以不超过 30 分钟为宜，如果时间过长，会进一步消耗体力，严重时甚至会出现暂时性脑缺血现象。

(3)如果条件允许，还可对疲劳的肌肉进行低频治疗。低频治疗仪的原理是模拟针灸疗法，使用时将电极用不干胶对称地粘贴在运动部位表皮上。这种疗法可以促进局部血液循环，改善组织代谢，缓解肌肉酸痛，消除疲劳。

图 2-3-12

第三章 基本技术

排球运动的基本技术是指在参加排球运动时，运动参与者在规则允许的条件下，所采取的各种合理的击球动作和配合动作。它是排球运动的重要组成部分，也是合理操控排球的方法和手段。基本技术包括准备姿势与移动、发球、传球、垫球、扣球和拦网等。

第一节 准备姿势与移动

准备姿势与移动是排球运动的基本技术之一，属于无球技术，是完成发球、垫球、传球、扣球和拦网等各项有球技术的前提和基础，并对各项有球技术的运用起串联和纽带的作用。准备姿势与移动相辅相成，准备姿势主要是为了移动，而要快速移动，又必须先做好准备姿势。

准备姿势

准备姿势是指在起动、移动和击球前所采用的合理的身体动作或姿势。它的主要目的是为了迅速起动和快速移动，以便及时准确地完成各种击球动作。准备姿势根据身体重心的不同，可分为略蹲、半蹲和低蹲三种姿势。

略蹲

动作方法 见图 3-1-1

（1）两脚左右开立，与肩同宽，一脚略前，两膝略屈，身体重心位于两脚之间；

（2）后脚跟略提起，上体略前倾，身体重心略靠近前脚，两臂放松，自然弯曲置于腹前；

（3）目视来球并兼顾场上各种情况，两脚保持微动状态。

技术要点

（1）保持稳定的身体重心，以便向各个方向移动；

（2）身体要保持微动状态，防止“站死”现象；

（3）抬头注意观察场上情况，以便及时采取行动。

错误纠正

练习时易出现身体重心不稳、身体后仰等问题。因此，应多结合正面上手传球、正面扣球技术进行练习，体会动作要领，以培养正确的准备姿势。

伤害预防

为减少对腰部和踝关节的伤害，练习该动作时，应尽量保持身体重心的稳定。

图 3-1-1

半蹲

动作方法 见图 3-1-2

（1）两脚略分，前后或平行开立，略比肩宽，脚尖朝前或适当内收，脚跟略提起；

（2）膝关节保持一定的弯曲，膝部的投影线落在脚尖前面；

（3）上体前倾，重心靠前，重心落在前脚掌上；

（4）两臂放松，两肘自然弯曲并下垂，两手置于腹前；

（5）目视来球，全身微动，保持待发的状态。

技术要点

（1）屈膝提踵，以便向各个方向进行快速蹬地；

（2）含胸收腹，身体前倾，便于接较低的来球；

（3）两臂屈曲，手置于腹部前方，保证移动时摆臂自如，便于伸臂接各种弧度和不同方向的来球；

（4）两膝、两脚保持微动，可以使神经系统处于良好的兴奋状态，便于肌肉快速收缩，完成起动。

错误纠正

练习时易出现身体僵硬，身体后仰等问题。因此，应多结合正面上手传球、正面扣球技术进行练习，体会动作要领，以培养正确的准备姿势。

伤害预防

为减少对腰部和踝关节的伤害，练习该动作时，应注意保持两膝关节内扣。

图 3–1–2

低蹲

动作方法 见图 3-1-3

(1)降低身体重心,两脚略有前后,左右距离超过肩宽;

(2)身体重心靠前,肩部垂直线超过膝部,膝部垂直线超过脚尖;

(3)两膝内扣,两脚前部内侧蹬地,含胸、收腹、抬头,两手置于胸腹之间;

(4)身体微动,保持动平衡状态。

技术要点

(1)身体重心低而靠前,屈膝程度大,肩部投影超过膝部,膝部投影超过脚尖;

(2)膝关节内扣,身体支点置于两脚前部内侧;

(3)含胸收腹,两手置于胸腹之间,便于接弧度低、速度快的球。

错误纠正

练习时易出现臀部后坐,身体重心高等问题。因此,应多结合各种移动脚步练习和防吊球练习,体会动作要领,以培养正确的准备姿势。

伤害预防

低蹲准备姿势练习会加重练习者腰部、下肢和踝关节的负担,练习该动作时,应选择体力最充沛的时段,合理控制练习时间,避免出现过度疲劳和造成伤害。

图 3-1-3

移动

从起动到制动的过程叫移动。及时、准确的移动是击球前取得合理位置，寻找最佳击球点的前提。移动步法包括并步与滑步、跨步与跨跳步、交叉步、跑步和综合步等。

并步与滑步

动作方法

见图 3–1–4

采用略蹲准备姿势，前脚向来球方向跨出一步，后脚迅速跟上做好击球准备。

技术要点

身体重心保持平稳，前脚制动要及时。

错误纠正

练习时易出现先抬腿，后移动身体重心等问题。因此，应慢动作练习，体会动作要领。

伤害预防

为减少对下肢肌群的伤害，练习该动作时，应注意协调用力。

图 3–1–4

跨步与跨跳步

动作方法 见图 3-1-5

(1)如果向前移动,则后腿用力蹬地,前脚向来球方向跨出一大步;

(2)膝部弯曲,上体前倾,身体重心移至前腿;

(3)在跨步过程中,有跳跃腾空即为跨跳步。

技术要点

(1)蹬地有力;

(2)破坏平衡;

(3)重心前移。

错误纠正

练习时易出现重心滞后、跨不出去等问题。因此,应多进行跨步练习,体会动作要领。

伤害预防

为减少对膝关节、踝关节、下肢肌群的伤害,练习该动作时,应循序渐进,动作幅度由小到大,防止对下肢关节和肌群造成伤害。

图 3-1-5

交叉步

动作方法 见图 3-1-6

（1）向左侧移动时，右脚从左脚前面向左交叉迈出一步；

（2）左脚再向左侧跨出一大步，同时身体转向接球方，保持击球前的姿势。

技术要点

（1）移动中要保持身体重心；

（2）最后一步要大，超越身体重心。

错误纠正

练习时易出现身体重心起伏大，制动不好等问题。因此，应多进行交叉步练习，体会动作要领。

伤害预防

为减少对膝关节、踝关节、下肢肌群的伤害，练习该动作时，应循序渐进，动作幅度由小到大，防止造成下肢关节和肌群的伤害。

图 3-1-6

跑步

动作方法　见图 3-1-7

（1）采用小步幅、高频率的跑步法，重心略靠前，并逐渐降低；

（2）在跑动中，脚尖要朝着前进方向，身体面对来球方向，始终目视来球；

（3）取得合理位置后，采用制动技术保持身体重心，以便击球。

技术要点

（1）保持身体重心稳定，并不断降低身体重心；

（2）跑步时，两臂要配合摆动。

错误纠正

练习时易出现跑步后制动不及时等问题。因此，应多进行变向跑练习。

伤害预防

为减少对膝关节、踝关节、下肢肌群的伤害，练习该动作时，应循序渐进，动作幅度由小到大，防止对下肢关节和肌群造成伤害。

图 3-1-7

综合步

动作方法

(1)首先采用移动速度快的步法接近球，并不断降低身体重心；

(2)当距离来球一臂远时，迅速变换其他相应步法击球。

技术要点

(1)步法转换衔接要合理、顺畅，身体重心要稳；

(2)上肢和下肢体用力要协调；

(3)所采用的移动步法要合理；

(4)制动技术环节要合理、有效。

错误纠正

练习时易出现步法转换、衔接不顺畅等问题。因此，应多加强综合步移动练习。

伤害预防

由于综合步练习距离长、速度快、强度大，练习该动作时，应科学选择练习时段和练习时间，避免发生运动性疲劳所造成的损伤。

第二节

发球

发球是排球基本技术之一，是 1 号位队员在发球区内自己抛球后，用一只手将球直接击入对方场区的击球方法，也是排球技术中唯一不受他人制约的技术。发球是比赛的开始，也是进攻的开始，好的发球可以直接得分或破坏对方的战术进攻，发球失误将失分。发球技术包括正面下手发球、侧面下手发球、正面上手发球、勾手大力发球、正面上手发飘球、侧面勾手发飘球和跳发球等。

正面下手发球

正面下手发球是正对球网，手臂由后下方向前摆动，在腹前将球击入对方场区的一种发球方法，是最基础的发球方式之一。其特点是操控简单、成功率高、攻击性较差。

动作方法 见图 3-2-1

（1）面对球网，两脚前后开立，左脚在前，两膝略屈，上体略前倾，重心偏右脚，左手持球于腹前；

（2）左手将球轻轻抛起在体前右侧，抛球高度约 20 厘米，在抛球之前右臂伸直，以肩关节为轴向后摆动；

（3）击球时右脚蹬地，身体重心随着右手向前摆动击球而移至前脚，在腹前用掌根或虎口击球的后下方，随着击球动作重心前移。

技术要点

（1）抛球稳，位于体前侧面，弧度适中；

（2）击球准，击球后下方；

（3）手法要正确，用掌根或虎口击球。

错误纠正

练习时易出现抛球不稳、击球不准、手法不正确等问题。因此，应多进行徒手练习和有球分解练习，掌握后再进行整体的技术练习。

伤害预防

为了防止出现手臂肌肉酸痛，掌根、虎口肿胀，要做好上肢准备活动，待热身后再进行练习；练习该动作时，应循序渐进，不要盲目加大发球力量，练习后要做好放松，热敷手臂。

图 3-2-1

侧面下手发球

侧面下手发球是发球者侧对球网站立，利用转体带动手臂由体侧后下方向前挥动，在体前肩部以下的高度击球过网的一种发球方法，是最基础的发球方法之一。其特点是操控简单、成功率高、攻击性较差。

动作方法

见图 3-2-2

（1）左肩对网，两脚左右开立，与肩同宽，两膝略屈，上体略前倾，重心落在两脚之间，左手持球于腹前；

（2）左手持球置于腹前与右肩同侧处，向上抛球，高度约 30 厘米；

（3）在抛球的同时，右臂摆至右侧下部，接着利用右脚蹬地向右转体的力量，带动右臂向前上方摆动。在腹前用掌根或虎口击球的后下方，击球后顺势重心前移。

技术要点

（1）抛球距身体一臂远，离手高度约 30 厘米；

（2）击球后下方；

（3）用掌根或虎口击球。

错误纠正

练习时易出现抛球不稳、击球不准、手法不对等问题。因此，应进行徒手与有球、分解与完整相结合的练习，体会动作要领。

伤害预防

为了防止击球手臂和击球部位肌肉发生指压痛和肿胀，应做好准备活动，待热身后再进行练习；练习时，要循序渐进，不要盲目加大发球力量；练习后，要做好放松，热敷手臂。

图 3—2—2

正面上手发球

正面上手发球是采用正对球网站立的姿势，利用蹬地转体收腹的力量带动手臂加速挥动，运用全手掌以及手指和手腕的推压动作击球直接过网的一种发球方法。其特点是旋转性强、速度较快、力量较大，具有一定的攻击性。

动作方法 见图 3-2-3

(1)面对球网站立,两脚自然开立,左脚在前,左手持球于体前;

(2)用单手或双手将球平稳地抛于右肩的前上方,也可抛上旋转球;在抛球的同时,右臂抬起,屈肘后引,肘部与肩平行,手掌自然张开,上体略向右侧转动,抬头、挺胸、展腹,身体重心移至右脚上;

(3)击球时,利用后脚蹬地上体向左转动,迅速收腹带动手臂向前上方挥动,伸直手臂在右肩前上方的最高点,用全掌击球的后中下部,同时手腕要迅速主动做推压动作,使击出的球上旋飞行;

(4)击球后,身体重心随着前移。

技术要点

(1)平托抛球,以垂直上抛 1 米为宜;

(2)转体收腹带动挥臂,前臂放松形成鞭打式;

(3)全掌推压式击球中下部。

错误纠正

练习时易出现抛球不稳、掌根击球、前臂僵硬等问题。因此,应多进行徒手挥臂练习和有球分解练习,待熟练掌握后再进行整体的技术练习。

伤害预防

为防止出现上臂痛、肩外侧痛、肩前部屈肌痛、肘部内侧痛等运动伤害,运动前的准备活动要做充分,肩关节、肘关节、肩部、臂部等肌群要经常进行伸展性练习和肌肉力量练习, 改善关节功能和肌肉力量。掌握正确的技术动作,用力要协调,练习要循序渐进,运动后要认真做好养护、放松活动。

图 3-2-3

勾手大力发球

勾手大力发球是发球者呈侧对球网的站立姿势，利用蹬地和上体转动，带动手臂抡击球过网的一种发球方法。其特点是力量大、速度快、弧度低、旋转强，具有较强的攻击性。

动作方法 见图 3-2-4

（1）身体侧对球网，两脚自然开立，两膝弯曲，上体前屈，左手（或双手）持球于胸前；

（2）左手（或双手）将球平稳抛在左肩上方 1 米高处，在抛球的同时，两腿弯曲，上体向右倾斜，身体重心移向右脚，右臂向身体右侧后下方摆动，同时挺胸抬头，目视来球；

（3）击球时，利用右脚的蹬地转体动作发力，带动右臂做直臂弧形挥动，同时身体重心由右脚移至左脚，手臂在伸直的最高点，右肩的前上方击球，手腕要包住球，以全手掌击球的中下部，并用力去推压球，使球产生强烈的上旋。

技术要点

（1）抛球平稳，高度以 1 米为宜；

（2）蹬腿转体带动手臂幅度要大，弧形抡臂加速度要快；

（3）高点击球手腕推压。

错误纠正

练习时易出现抛球不稳、全身用力不协调、击球位置不稳定等问题。因此，应多进行徒手挥臂练习和有球分解练习，待掌握后再进行整体的技术练习。

伤害预防

为防止出现腰椎、肩关节损伤，运动前要充分做好腰部、肩部、肩带肌群的热身活动，经常进行腰部和背肌的伸展性练习和肌肉力量训练。练习要循序渐进，不要盲目用力。

图 3–2–4

正面上手发飘球

正面上手发飘球是发球者面对球网站立，采用正面发球的形式，发出使球不旋转、飘晃飞行过网的一种发球方法。其特点是球的飞行轨迹不固定，飘晃过网，易造成对方接发球判断失误，具有较强的攻击性。

动作方法 见图 3-2-5

(1)采用略蹲准备姿势，面对球网站立，两脚自然开立，左脚在前，左手持球于体前；

(2)用单手或双手将球平稳地抛于右肩的前上方，高度以 1.5 米左右为宜；

(3)击球前，击球臂自后向前做直线运动；

(4)击球时，五指并拢，手腕略后仰，用掌根平面击球的中下部，作用力通过球体重心；

(5)击球瞬间，手指、手腕紧张，手形固定，不加推压动作，手臂挥动要有突停动作。

技术要点

(1)抛球不宜过高，平稳不旋转；

(2)击球手臂要直线挥臂；

(3)挥臂要短促有力，作用力要通过球体重心。

错误纠正

练习时易出现击球不准，作用力不能通过球体重心等问题。因此，应多进行挥臂击球练习，体会动作要领。

伤害预防

为防止出现肩关节、掌根肌肉疼痛，运动前要充分做好肩部、肘部及腕部的准备活动。掌握正确的技术动作，用力要协调，练习要循序渐进。

图 3-2-5

侧面勾手发飘球

侧面勾手发飘球是发球者身体侧对球网站立，利用勾手的形式，使发出的球不旋转、不规则地飘晃飞行过网的一种发球方法。其特点是球的飞行轨迹不固定，飘晃过网，易造成对方接发球判断失误，具有较强的攻击性。

动作方法 见图 3-2-6

（1）身体侧对网，两脚自然开立，左手持球于胸前；

（2）将球平稳地抛在左肩前上方约一臂远的高度；

（3）击球时，右脚蹬地，上体向左转动发力，带动手臂挥动；

（4）挥动时手臂伸直，在右臂的左上方，用掌根击球的中下部；

（5）击球前，突然加速挥臂，手的挥动轨迹保持一段直线运动；

（6）击球瞬间，五指并拢，手腕后仰，保持紧张度，手臂挥动要有突停动作。

技术要点

（1）抛球要稳，位置、弧度要固定；

（2）转体发力要协调；

（3）直线挥臂，作用力要通过球体重心；

（4）击球要短促有力，击球后要突停。

错误纠正

练习时易出现击球不准、作用力不能通过球体重心等问题。因此，应多进行挥臂击球练习，体会动作要领。

伤害预防

为出防止现肩关节、掌根肌肉疼痛，运动前要充分做好肩部、肘部、腕部的准备活动。掌握正确的技术动作，用力要协调，练习要循序渐进。

图 3-2-6

跳发球

跳发球是采用助跑起跳的方式，在空中将球直接击入对方场区的动作方法。跳发球能充分利用身体素质，发出击球点高、力量大、速度快、旋转强的球，给对方造成心理恐惧，具有较强的攻击性。

动作方法 见图 3-2-7

(1)队员面对球网，站在离端线 2~4 米处，利用单手或双手将球抛至右肩前上方 3.5～5 米的高度，球的落点在端线附近，随着抛球离手向前做助跑起跳；

（2）助跑起跳时，采用 2～3 步助跑步法，两臂协调摆动，摆度要大；

（3）在空中击球时，击球点要保持在挥臂侧前上方，手臂伸直，利用收腹和转体动作带动手臂挥动，全掌击球的中后下部，并伴有推压腕动作，使球上旋飞行；

（4）击球后，两膝顺势弯曲缓冲，尽量使两脚同时落地，迅速入场。

技术要点

（1）抛球高度、远度要固定，抛球要有旋转；

（2）助跑起跳要节奏好、幅度大，伴有一定的前冲性；

（3）空中腰腹发力；

（4）满掌包击、推压球。

错误纠正

练习时易出现抛球不稳、抛球与起跳不协调等问题。因此，应多进行抛球练习和抛球与助跑结合的练习，体会动作要领。

伤害预防

为减少对膝部和踝关节的伤害，练习该动作时，应注意助跑起跳用力和落地后的缓冲。

图 3-2-7

第三节 传球技术

传球技术是排球基本技术之一，是利用全身协调力量，并通过手指、手腕的弹力，将球传至一定目标的击球动作。传球是二传手的首选技术，可用来接对方的处理球、吊球和被拦回来的高球等，还可用来接对方弧度较高的发球。传球技术包括正面传球、背传球、侧传球和跳传球等。

正面传球

正面传球是指面对传球方向的传球。其特点是面对传球方向，便于观察；击球面积大，便于控制球。

动作方法

见图 3-3-1

（1）采用略蹲准备姿势，上体略挺起，仰头看球，两手自然抬起，屈肘并适当分开放松，置于面前；

（2）来球接近额前时，开始蹬地、伸膝、伸臂，手指略张，经面前向前上方迎出，全身各部位动作协调一致，击球点在额前上方约一球距离处；

（3）传球时，十指自然张开呈半球形，手腕略后仰，两拇指相对，呈“一”字或“八”字形，两手间有适度距离，以拇指内侧、食指全部和中指的第二指节和三指节触球的后下部，无名指和小指在球两侧辅助控制出球方向；

（4）传球时，主要靠蹬地伸臂和手指、手腕力量，以及球的反弹力将球传出。

技术要点

（1）传球手形是关键；

（2）应选择适当的击球点；

（3）注意手指、手腕缓冲与下肢的协调用力。

错误纠正

练习时易出现手形错误，击球点低，指腕僵硬，用力不协调等问题。因此，应多进行徒手模仿、自抛自传、对墙自传等练习，体会动作要领。

伤害预防

为减少对手指、手腕的伤害，练习该动作时，应多进行传球手形的练习。

图 3-3-1

背传球

背传球是指背对传球方向的传球。其特点是背对传球方向，不利于观察，难度较大、隐蔽性强。

动作方法 见图 3-3-2

(1)传球前背对传球目标，上体保持正直或略后仰，两手自然抬起，手放在面前，传球手形与正面传球相同；

(2)迎球时，两臂上抬，挺胸，上体后仰；

(3)击球点保持在额头上方偏后，比正面传球略高；

(4)触球时手腕后仰，掌心向上，利用蹬地、展腹、抬臂、伸肘和手指、手腕的弹力，把球向后上方传出。

技术要点

(1)击球点在头上方略高、偏后；

(2)传球时身体要充分伸展，手腕后仰。

错误纠正

练习时易出现击球点过前或过后，未后仰、展胸、翻腕，大拇指上挑等问题。因此，应做传球手形垂直抛接球练习，体会动作要领。

伤害预防

为减少对背部肌肉的伤害，练习该动作时，应控制练习时间。

图 3-3-2

侧传球

侧传球是指队员身体侧对传球目标，将球传向体侧方向的传球，通常在身体不便正面传球的情况下采用。侧传球是二传手在网前组织进攻时普遍采用的传球方法。

动作方法 见图 3-3-3

(1)传球前,侧对传球目标,上体与击球点偏向传球目标一侧;

(2)迎球时,上体和手臂向传球方向伸展;

(3)击球时,身体向传球一侧蹬伸,手臂向传球一侧伸展,将球传出。

技术要点

(1)击球点在头侧上方;

(2)传球时身体和手臂向侧用力。

错误纠正

练习时易出现身体侧倒过大、手形错误等问题。因此,应进行三人三角传球、对墙侧传球练习,体会动作要领。

伤害预防

为减少对肩部肌肉、手指、手腕的伤害,练习该动作时,应控制练习时间。

图 3-3-3

跳传球

跳传球是指跳起在空中进行单手或双手传球，其特点是传球点高。

动作方法 见图 3-3-4

（1）采用略蹲准备姿势，两手置于胸前，目视来球，迅速取位；

（2）根据来球的弧度和高度落点，左脚先向起跳点迈出一步，右脚迅速并步跟上，两脚积极踏跳的同时，两臂上抬，手腕后仰，置于头上方，呈传球手形；

（3）传球时，可以利用空间差调整传球时间，使传出球与扣球手腾起后的运行轨迹在空间实现最佳重合。

技术要点

（1）上步准确，起跳及时；

（2）当球达到最高点时传球。

错误纠正

练习时易出现起跳过早或过晚、起跳点取位不准等问题。因此，应进行跳起接自抛球、跳起接同伴抛来球的练习，体会动作要领。

伤害预防

为减少对下肢关节、肌肉的伤害，练习该动作时，一要控制练习时间，二要注意起跳后的落地缓冲，以减轻膝关节、踝关节的负担。

图 3-3-4

第四节 垫球技术

垫球技术是排球基本技术之一，是通过手臂或身体其他部位的迎击动作，使来球从垫球面上反弹出去，主要用于接发球和接扣球，也可用于垫击吊过来、推过来的低位球。垫球技术包括垫球手形、正面双手垫球、体侧垫球、背垫球、跨步垫球、跪垫球、前扑垫球、滚翻垫球和鱼跃垫球等。

垫球手形

垫球手形包括抱握式、叠掌式和互靠式等。

抱握式

动作方法 见图 3-4-1

(1)两拇指平行向前，两手抱拳互握；

(2)小臂外旋紧靠，手腕下压，使前臂形成一个垫击平面。

技术要点

手臂放松，动作到位。

错误纠正

练习时易出现手臂僵硬、手形错误等问题。因此，应多加练习，体会动作要领。

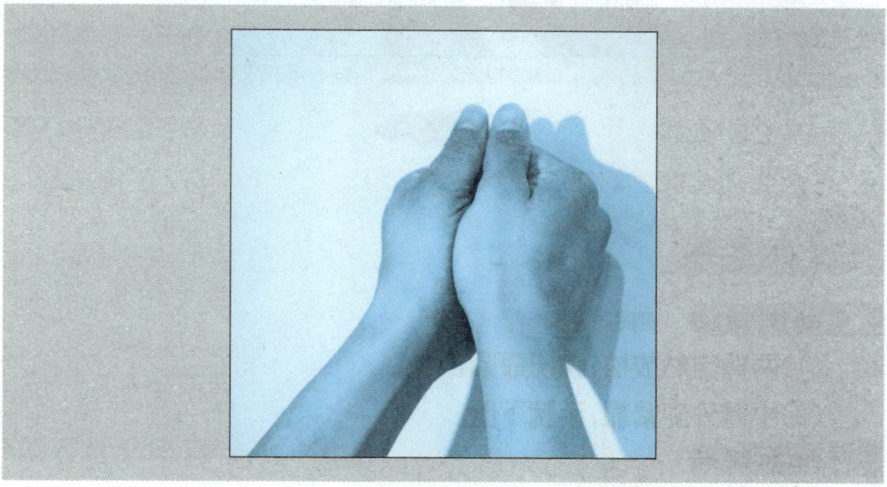

图 3-4-1

叠掌式

动作方法 见图 3-4-2

(1)两手掌根相靠，手指重叠互握；

(2)两拇指平行前伸，手腕自然下压。

技术要点

手臂放松，动作到位。

错误纠正

练习时易出现手臂僵硬、手形错误等问题。因此，应多加练习，体会动作要领。

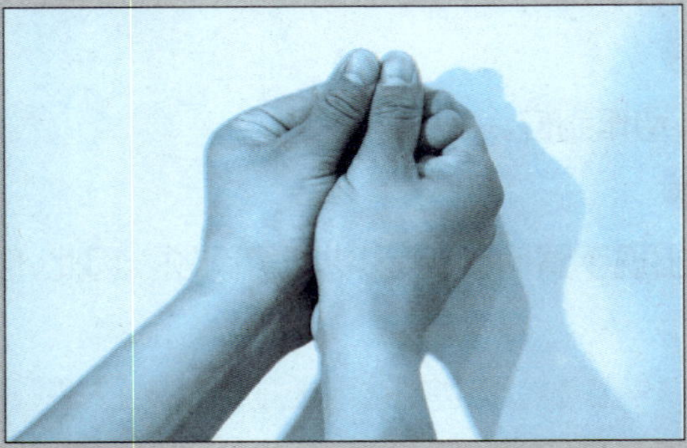

图 3-4-2

互靠式

动作方法 见图 3-4-3

（1）两臂自然放松，腕部靠紧；

（2）小臂外旋紧靠，手腕下压。

技术要点

手臂放松，动作到位。

错误纠正

练习时易出现手臂僵硬、手形错误等问题。因此，应多加练习，体会动作要领。

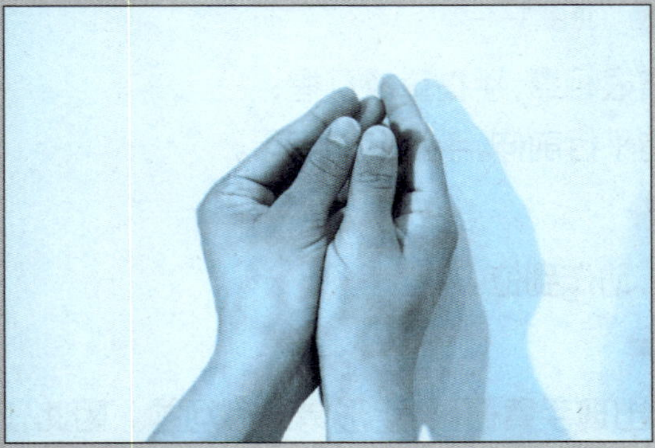

图 3-4-3

正面双手垫球

正面双手垫球是使用两手在腹前垫击来球的一种垫球方法，是各种垫球方法的基础，也是最基本的垫球方法之一。腹前击球，垫击面较大，便于控制球，主要适用于各种接发球、接扣球、接拦回球和垫击较低的来球。

动作方法 见图 3-4-4

(1)采用半蹲准备姿势，两臂分开，略比肩宽，两手放在腰前，目视来球；

(2)当球距离腹前一臂远时，两臂夹紧前伸，两手插入球下；

(3)击球时，根据来球的速度、弧度和击球目标，调整手臂对来球的角度、力量，利用两前臂手腕上 10 厘米处，桡骨内侧平面触球，击球点保持在胸腹之间，同时要配合蹬地、挺腰、提肩、顶肘、压腕、抬臂，全身协调动作；

(4)击球后，身体重心向抬臂方向前移；垫球动作结束后，立即松开两臂，做好下一动作的准备。

技术要点

(1)在练习中，形成固定的垫球手形；

(2)击球时全身要协调用力。

错误纠正

练习时易出现触球部位、击球点不准，臀部后坐，全身用力不协调等问题。因此，应多进行诱导性击球练习，体会动作要领。

伤害预防

为减少对手臂的伤害，练习该动作时，应控制垫球的远度和练习时间。

图 3-4-4

体侧垫球

体侧垫球是指在身体侧面用两手垫击来球的一种垫球方法。其特点是控制面宽，但较难把握垫击球的方向、弧度和落点，通常当球在体侧来不及正面垫球时采用。

动作方法 见图 3-4-5

(1)以左侧垫球为例,右脚前脚掌内侧着地,左脚向左跨出一步,身体重心随即移动到左脚,并保持左膝弯曲;

(2)垫球时,左臂高于右肩,右臂向下倾斜,再用向右转腰、收腹的力量,配合两臂在体侧截击球的后下部。

技术要点

(1)两臂保持在体侧形成截击面;

(2)垫球时,要转腰收腹。

错误纠正

练习时易出现转体侧跨步不及时。垫球时,如果手臂角度不正确,则不能形成拦截面等问题。因此,应进行侧垫球的多球练习,强化转体收腹动作练习,体会动作要领。

伤害预防

为减少对身体的伤害,练习时应加强跨步,注意蹬地的协调发力。

图 3-4-5

背垫球

背垫球是指背对出球方向垫击来球的一种垫球方法，通常是在背对场区，接同伴垫飞的球时采用。其特点是垫击点较高，易于控制击球方向与落点。

动作方法 见图 3-4-6

（1）判断来球方向，快速移动到球落点处，背对垫球的方向，两臂夹紧伸直；

（2）击球时，用蹬地、抬头、挺胸、展腹和上体后仰的动作带动两臂向后上方摆动，以前臂触球的前下方，将球向后上方击出；

（3）击球点一般应在肩部前上方。

技术要点

（1）球击出时，注意抬头、挺胸、展腹、发力一气呵成，击球点要在肩部以上；

（2）垫低球时，注意屈肘和翘腕。

错误纠正

练习时易出现击球点过低、过前或过后，手臂弯曲或抬臂不够，挺胸、展腹、发力不明显等问题。因此，应做自抛球后向后垫球练习，体会击球点和垫球方向，结合弧度高低不同的球做背垫球练习。

伤害预防

为减少对肌肉和关节的伤害，练习前要做好腹肌、背肌和关节的准备活动，提高关节活动幅度和肌群的适宜兴奋性，同时经常进行背部的伸展性练习。

图 3-4-6

跨步垫球

跨步垫球是指采用向前跨或向侧跨出一步垫球的方法，适用于接距离地面1米左右、速度较快、弧度较低的来球。其特点是起动速度快，动作幅度大，实用性较强。

动作方法 见图3-4-7

（1）判断来球落点，及时向来球方向跨出一大步，屈膝，身体重心落在跨出脚上，上体前倾下压，臀部下降；

（2）两臂前伸插入球下，用蹬地、提肩、抬臂动作击球的后下部。

技术要点

（1）跨步大，重心下降要快；

（2）上体前倾手臂要充分伸展，插到球下。

错误纠正

练习时易出现跨步小、击球不及时、手臂伸不出去等问题。因此，应多进行徒手跨步和接抛球练习，体会动作要领。

伤害预防

为减少伤害，练习该动作时，应选择体力最充沛的时段，合理控制练习时间，避免出现下肢疲劳和伤害。

图 3-4-7

跪垫球

跪垫球又叫低姿垫球，是指两手紧紧贴近地面处向前上方垫球的方法，主要在来球速度快，落点在身体附近较低的位置时采用，在防弧度低、速度快的扣球时也经常采用。其特点是起动速度快，动作幅度大，实用性较强。

动作方法 见图 3-4-8

（1）采用低蹲准备姿势，向来球方向跨出一步，跨出的膝关节外展，后腿、脚尖内侧着地，取得稳定的支撑；

（2）上体前倾，塌腰、塌肩，屈肘，手臂贴近地面插到球下，用翘腕动作和两手虎口部位将球垫起。

技术要点

（1）跨步不要过大，重心下降速度要快；

（2）手臂要充分伸展，紧贴地面，插入球下；

（3）击球时要有屈肘、翘腕动作。

错误纠正

练习时易出现身体重心高、击球时没有翘腕等问题。因此，应多进行徒手练习和接抛球练习，体会动作要领。

伤害预防

为减少对膝关节的伤害，练习该动作时，应带护膝用具。

图 3–4–8

前扑垫球

前扑垫球是指采用前扑动作垫球的方法，主要用于防吊球以及垫距离身体低而较远的来球。其特点是充分利用身体的长度，速度快，可弥补脚步慢的不足。

动作方法 见图 3–4–9

（1）采用深蹲准备姿势，当正面来低球又来不及跨步时，身体迅速降低前倾，两腿用力蹬地，身体、手臂充分伸展，向前扑出，同时两臂或单臂插入球下；

(2)垫球时可采用双手或单手垫球，双手垫球可用前臂、虎口或手背的联合面击球，并要有翘腕动作将球垫起，击球后两手迅速撑地，两肘顺势弯屈缓冲；

(3)为了扩大防守范围，接距离身体较远的球时，可采用单臂向前尽量伸展，用手背、虎口部位击球，击球同时要有翘腕动作，击球后用另一只手屈肘撑地缓冲；

(4)落地缓冲时，胸腹部着地，身体可借助余力滑行。

技术要点

(1)身体重心要低，重心前倾，下肢蹬地角度大，蹬地要有力；

(2)身体和手臂充分伸展，及时插入球下；

(3)垫球时要有翘腕动作。

错误纠正

练习时易出现身体重心高，身体不能充分伸展等问题。因此，应多进行徒手练习和接低抛球练习，体会动作要领。

伤害预防

由于前扑垫球对手臂的负担过重，特别是在垫球后的支撑，可造成肩部关节、腕部关节、韧带和臂部肌群拉伤，练习该动作时，应做好针对性的准备活动，科学地选择练习时段和练习的时间，避免发生运动性疲劳所造成的损伤。

图 3-4-9

滚翻垫球

侧倒垫球后立即以滚翻的方式重新起立的垫球叫做滚翻垫球。其特点是能够充分发挥移动的速度接近球，控制防守面积大，并能够保护身体不受伤，迅速起立转入下一个动作。一般在来球离地高度低、距离远时采用。

动作方法 见图 3-4-10

(1)迅速向来球方向跨出一大步，重心下降，上体前倾，使胸部贴近大腿，重心完全落在跨出腿上；

(2)两臂和单臂伸向来球，同时两腿向前方用力蹬地，使身体向来球方向伸展，用上臂、虎口和手腕部位击球的下部；

（3）击球后，在身体失去平衡的情况下，顺势转体，依次用大腿外侧、臀部外侧、背部、跨出腿的一侧着地，同时低头含胸、收腹团身，通过跨出腿同侧肩部做后滚翻动作，顺势迅速起立。

技术要点

（1）跨步大、重心低，重心迅速移至跨步脚上；

（2）击球手臂要充分伸展，击球要准；

（3）团身滚翻依次用力。

错误纠正

练习时易出现身体重心高，垫球手臂不能充分伸展，滚翻时团身不紧，失去平衡等问题。因此，应多进行徒手练习，体会动作要领。

伤害预防

为避免发生颈部挫伤，练习该动作时，应做好颈部的准备活动，分解练习，不可急于求成。

图 3-4-10

鱼跃垫球

鱼跃垫球指模仿鱼跃出水面的动作，在空中完成击球的垫球方法；通常在来球低而远时采用，特别是可在防对方扣球突然改为吊球时采用。其特点是越得远，防守范围广，动作难度大，但不易控制击球目标。

动作方法 见图 3-4-11

（1）采用半蹲准备姿势，上体前屈，重心前移，向前做 1～2 步助跑或原地用力蹬地，使身体向来球方向腾空跃出，手臂向前伸展，插入球下，用单手或两手将球垫起；

（2）击球后，两手在体前身体重心运动的方向线上着地支撑，两肘缓慢弯曲，同时抬头、挺胸、展腹，两腿自然弯曲，身体呈反弓形，胸、腹、大腿依次着地；

（3）两手着地后顺势向后做推撑动作，使身体贴地面顺势向前滑行。

技术要点

（1）蹬地力量大，蹬地角度小；

（2）空中身体呈反弓形，手臂充分伸展击球；

（3）胸腹依次着地滑行。

错误纠正

练习时易出现动作僵硬、蹬地不充分、击球手不能充分伸展、击球后脚先着地或手脚同时落地等问题。因此，应做分解动作练习或在保护下练习，体会动作要领。

伤害预防

为减少对下颌、上肢、胸腹部和膝盖的伤害，练习该动作时，应循序渐进，切不可急于求成。

图 3-4-11

第五节

扣球

队员跳起在空中，以手臂击球的形式，将本方场区上空高于球网上沿的球击入对方场区的击球方法叫做扣球。扣球是进攻的基本技术和有效方法，是比赛得分的主要手段。扣球技术包括正面扣球、双脚冲跳扣球、单脚起跳扣球和扣近体快球等。

正面扣球

正面扣球是面对球网扣球的方法。正面扣球是各种扣球方法的基础。其特点是面对球网，便于观察，准确率高。由于与球网之间角度开阔，正面扣球可灵活改变扣球路线，充分发挥身体力量。

动作方法 见图 3-5-1

（1）以 4 号位扣球为例，扣球前采用略蹲准备姿势，两臂自然下垂，站在球网边线与 3 米线交汇处附近，身体面对来球方向，目视来球；

（2）助跑时，右脚向前迈出一小步，接着左脚快速跨出一大步，右脚迅速跟上，踏在左脚之前适宜的位置上；

（3）助跑路线要根据传球的落点，采用斜线助跑、直线助跑或外绕助跑；

（4）在最后一步完成踏地制动的同时，蹬地、摆臂、展腹，身体协调用力完成起跳；

（5）起跳后，挺胸展腹，上体随右臂向后上方抬起，身体呈反弓形；

（6）挥臂，靠转体、收腹，大臂带动小臂，向前上方成鞭打动作，全掌包满球，在手臂伸直的最高点的前上方击球的后中部，同时屈腕向前推压，使球上旋；

（7）落地时，收腹，屈膝，缓冲下落力量，保持身体重心，为下一个动作做好准备。

技术要点

注意对助跑节奏、起跳时间，以及人、球位置的把握。

错误纠正

练习时易出现助跑起跳不连贯、人球位置错位、击球没有鞭打等问题。因此，应分解进行练习，体会动作要领。

伤害预防

为减少对肩关节的伤害，练习该动作时，应合理安排运动强度和密度。

图 3-5-1

双脚冲跳扣球

双脚冲跳扣球是指助跑向前上方起跳，在空中利用冲跳完成扣球动作的方法。主要用于后排进攻和顺网起跳进行空间差扣球。其特点是扣球力量大，球速快，有空间差。

动作方法 见图 3–5–2

(1)采用两步助跑的方法,起跳前的第二步要小，借助助跑的水平速度和两腿蹬地的力量，使身体向前上方腾起；

(2)在空中抬头,挺胸,展腹,形成背弓；

(3)击球时快速收腹,挥臂,手腕推压击球的后中部；

(4)落地时,收腹,屈膝,脚掌依次缓冲。

技术要点

助跑幅度小,收腹力量大,用手腕推压球。

错误纠正

练习时易出现起跳角度不当，冲跳后人与球空中错位等问题。因此,应重点进行冲跳练习和分解练习,体会动作要领。

伤害预防

为减少对肩关节、膝关节的伤害,练习该动作时,应注意落地缓冲动作。

图 3—5—2

单脚起跳扣球

单脚起跳扣球是指利用起跳前的第二步，单脚踏地起跳扣球的方法，多用于扣背溜战术球。其特点是助跑距离长、起动快、突然性强，还可在空中位移，网上控制面积大，具有较大的突然性和灵活性。

动作方法

见图 3-5-3

(1)采用与球网成小夹角或顺网起跳的助跑路线，一步或两步助跑；

(2)起跳时，左脚跨出一大步，上体后仰，在右腿向前上方摆动的同时，左腿迅速蹬地起跳，同时，两臂配合摆动；

(3)扣球动作与正面扣球相同，落地时要控制身体，缓冲落地。

技术要点

(1)顺网助跑，扣球手臂异侧脚踏地起跳；

(2)起跳时，同侧腿屈膝并迅速向上摆动，带动身体上升；

(3)空中击球一侧肩部对网，转体击球。

错误纠正

练习时易出现助跑路线与球网夹角过大，摆动腿不充分，起跳后前冲过大等问题。因此，应重点加强顺网起跳技术环节的练习，掌握动作要领。

伤害预防

为减少对起跳腿膝关节、踝关节的伤害，运动前应做好充分的准备活动，合理掌握练习时间和练习强度，加强下肢的力量练习。

图 3-5-3

扣近体快球

扣近体快球是指扣球队员在距离二传队员体侧后一臂远处，在传球前或传球时跳起，待二传手将球传出网口，在上升时扣球的方法。其特点是速度快，时间短，突然性强，牵制性大，可与强攻扣球相配合，形成战术。

动作方法 见图 3-5-4

（1）随一传采用 1～2 步的直线助跑，在二传队员体前或体侧 50 厘米处起跳；

（2）在传球前或传球的同时，快速跳起，起跳时机要准确；

（3）在球体上升超过球网时快速挥臂，收胸带动挥臂，幅度要小；

（4）落地时，收腹，屈膝，前脚掌、全脚掌依次缓冲着地。

技术要点

(1)短助跑，快起跳；

(2)挥臂击球动作幅度小，速度快，在球上升期击球。

错误纠正

练习时易出现起跳过早或过晚等问题。因此，应重点进行助跑起跳时间、节奏的练习，掌握动作要领。

伤害预防

为减少对起跳腿膝关节和踝关节的伤害，运动前应做好充分的准备活动，合理掌握练习时间和练习强度，加强下肢的力量练习。

图 3-5-4

第六节 拦网

拦网是指前排队员靠近球网，将手伸向高于球网处阻挡对方来球的方法。拦网是排球基本技术之一，是防守对方扣球的第一道防线。拦网技术包括单人拦网和集体拦网等。

单人拦网

由一个人拦网的方法叫做单人拦网。单人拦网是集体拦网的基础。通常在拦对方扣快球或无法组织集体拦网时采用。

动作方法 见图 3-6-1

（1）面对球网，两脚平行开立，约与肩同宽，距网 30～40 厘米，两膝略屈，两臂在胸前自然屈肘；

（2）根据与来球的距离，可采用并步、交叉步或滑步与球网平行移动，迅速取好位，准备起跳；

（3）原地起跳时，重心降低，两膝弯曲，用力蹬地，使身体垂直起跳；

（4）空中拦击时，两肩上提，两臂伸展并伸向对方上空，两手从额前贴近并平行球网向前上方伸出，尽量接近球；两手张开，绷紧手指，触球时手腕要有压腕动作；

（5）含胸，屈膝缓冲，两脚由前脚掌过渡到全脚掌依次落地，保持身体平衡，以便连接下一动作。

技术要点

垂直起跳，含胸收腹，提肩伸臂，过网拦击。

错误纠正

练习时易出现起跳过早或过晚等问题。因此，应重点进行助跑起跳时间、节奏的练习，掌握动作要领。

伤害预防

为减少拦网时对手指的伤害，练习时应加强拦网手形练习。

图 3-6-1

集体拦网

由前排两人以上组成的拦网称为集体拦网。集体拦网必须建立在单人拦网的基础上，是拦对方强攻扣球的主要方法。其特点是拦网面积大，可增加对方扣球时的心理压力。集体拦网根据参加人数可分为双人拦网和三人拦网。

双人拦网

动作方法　见图 3-6-2

（1）如对方两翼进攻时，2 号位和 4 号位队员原地对位，3 号位队员可采用滑步或交叉步移动，向 2 号位和 4 号位队员靠近，形成双人取位；

（2）双人拦网时，通常以 2 号位和 4 号位队员为主，拦防直线，以 3 号位队员为辅，拦防斜线；

（3）两人保持同时起跳，起跳后，相互之间要保持一定的间隔距离，并控制好身体重心，避免相互干扰或冲撞；

（4）拦网时要尽可能扩大拦防面，队员与拦网手之间的距离以不漏球为好。

技术要点

（1）3 号队员向 2 号位和 4 号位移动及时；

（2）移动队员到位后要制动，防止两人相撞；

（3）两人并拢要紧，不能出现空当，防止漏球；

（4）起跳要同时。

错误纠正

练习时易出现两人相撞，不能同时起跳，拦网不能形成联合面等问题。因此，应进行徒手与有球相结合的练习，体会动作要领。

伤害预防

为防止两人在空中相撞造成伤害，练习该动作时，应进行专门性训练，避免发生损伤。

图 3-6-2

三人拦网

动作方法 见图 3-6-3

(1)对方 3 号位进攻时,以 3号位取位为主,2 号位和 4 号位向 3 号位移动取位;

(2)对方两翼进攻时,以 2 号位或 4 号位取位为主,其余 2 名队员相机移动靠拢;

(3)3 名队员同时起跳,拦网手相距以不漏球为好。

技术要点

(1)移动及时,制动有力;

(2)控制重心,保持合理距离;

(3)同时起跳,形成联合拦网面;

(4)垂直起跳,控制肢体。

错误纠正

练习时,易出现三人相撞,不能同时起跳,拦网不能形成联合面等问题。因此,应进行徒手与有球相结合的练习,体会动作要领。

伤害预防

为防止两人在空中相撞造成伤害,练习该动作时,应进行专门性练习,避免发生损伤。

第四章 基础战术

排球运动的基础战术是指选手根据比赛规律、比赛中双方的具体情况和临场变化等，有效地运用技术及所采取的有预见、有目的、有组织的行动。排球运动的基础战术包括个人战术和集体战术等。

第一节 排球战术系统

战术系统是进攻和防守及打法的总和。根据排球制胜规律，分为接发球、接扣球、接被拦回球、接无攻过网球四个系统，简称四攻系统。“四攻”中的每个“攻”都由多种技术和环节组成，既独立存在，又相互联系、相互依存、相互促进。

接发球及其进攻系统

接发球及其进攻系统是指在接起对方发球后组织的进攻，俗称“一攻”系统。在比赛中，组成进攻的概率最高，是比赛队进攻能力与特点的体现，也是得分的重要环节。“一攻”打不好就很难发挥防反的作用，还会造成直接失分。因此，“一攻”受到各队高度重视。

战术环节

接发球及其进攻系统由接发球、二传组织、进攻扣球三个相互联系的战术环节组成。

战术要点

(1)接发球到位；

(2)二传队员组织战术的能力；

(3)参与战术队员的默契配合。

接扣球及其进攻系统

接扣球是指在球网上空，直接拦击对方各种进攻和防范对方进攻过来的球后组织的进攻，俗称“防反”系统。它是球队在相持阶段能否保分和增分的重要战术环节。“防反”系统在比赛中运用率高，往往被看做球队整体实力的标志。

战术环节

接扣球及其进攻系统由拦网、后排防守、二传、扣球 4 个战术环节组成。

战术要点

(1)前排拦网；

(2)后排防守；

(3)二传组织；

(4)强攻能力。

接被拦回球及其进攻系统

接被拦回球是指接起被拦回球后组织进攻的过程，俗称“保攻”系统。本方扣球被拦回是比赛中经常会出现的情况，如能接好被拦回球并能组织进攻，就能变被动为主动，组织起有效的进攻。

战术环节

接被拦回球及其进攻系统由扣球保护、二传组织、扣球进攻 3 个战术环节组成。

战术要点

(1)保护到位；

(2)防起球能力；

(3)连续进攻能力。

接无攻过网球及其进攻系统

接无攻过网球是指接对方采用传球、垫球或无攻过网球组织的进攻，俗称“推攻”系统。

战术环节

接无攻过网球及其进攻系统由接对方处理球、二传组织、扣球进攻 3 个战术环节组成。

战术要点

(1)加快进攻节奏；

(2)速度快、弧度低的一传；

(3)二传快速组织；

(4)快速地进攻。

第二节 个人战术

个人战术是指排球队员根据临场比赛的情况，有目的、有针对性地运用个人技术动作。个人战术以个人技术为基础，是个人技术的精细化程度和战术修养的体现。个人战术可以提高个人技术动作效果，补充集体战术的不足。排球的个人战术主要包括发球个人战术、一传个人战术、二传个人战术、扣球个人战术、拦网个人战术和防守个人战术等。

发球个人战术

发球个人战术是指发球队员根据比赛双方具体情况，利用发球技术，有针对性地改变发球速度、力量、落点、性能的个人战术。

不同性能的发球

（1）发出速度快、力量大、旋转强、弧度平的攻击性发球，如跳发球等；

（2）发出飞行路线不确定的飘球；

（3）做发勾手飘球动作，击球时用蹬地、转腰、收腹的力量，以全掌击球，发勾手大力球。

控制落点的发球

（1）找薄弱区域的发球，将球发到对方的前区、后区、两个队员之间的连接区、三角地带等场区空当，给对方接发球造成困难；

（2）发到二传队员插上动作路线上，造成接发球困难。

找人发球

（1）发给一传差、连续失误、情绪急躁或刚换上场的队员；

（2）发给快攻队员或二传队员，给对方的战术组织和进攻带来不便。

变化节奏的发球

（1）打破常规，突然加快发球的节奏，使对方猝不及防，造成失误；

（2）有意识地放慢发球的节奏，如发高吊球，利用球体下落时速度的变化，使对方接发球不适应。

变化线路的发球

（1）根据对方队员站位情况，时而发长线球，时而发短线球，以调动对方，掌握主动；

（2）充分利用 9 米宽的发球区，采取“站直发斜”或“站斜发直”的发球方法，突袭对方。

根据临场比赛的变化采取不同的发球

（1）如果本方得分困难，落后较多，或遇到对方强轮时，则可采取先发制人的攻击性发球；

（2）在本方发球连续失误或比赛关键时刻，或在对方暂停、换人后以及对方正处于进攻弱轮次；

（3）本方拦网连连得分时，应注意发球的准确性，减少失误，抓住得分的时机。

发球个人战术要点

（1）要针对不同的接发球阵形，找出薄弱环节；

（2）将准确性与攻击性相结合；

（3）提高发球的成功率；

（4）应变能力强。

一传个人战术

一传个人战术是排球比赛中队员在接发球时所采取的有目的性、有针对性改变一传速度、弧度、落点的接发球方法。

一传个人战术的要点为：

（1）组织快攻战术时，采用弧度低、速度快的一传；

（2）组织强攻战术时，采用弧度略高的一传，为二传队员创造便利条件；

（3）前排队员一传时，弧度应该略高一些，力量略小一些，为进攻赢得时间；

(4)对方无攻过网时，一传可用上手传球，加强准确性和传球速度；

(5)如果发现对方场区有明显空当，则可直接采用传、垫、挡球等动作，将球击向对方。

二传个人战术

二传个人战术能有效地组织进攻战术，利用空间、时间和动作上的变化，给扣球队员创造有利的进攻条件，使对方难于组织防守反击。

二传个人战术的要点为：

(1)根据本队实际情况合理分球，如传快球、拉开球、背飞等；

(2)根据对方拦网部署，与进攻队员在时间和位置上进行配合；

(3)根据本方队员不同起跳时间，采用升点、降点传球相配合；

(4)根据一传情况，如到位或不到位球，高或低球，近网或远网球等，合理运用传球；

(5)二次球的运用。

扣球个人战术

扣球个人战术主要是通过有目的地变化扣球方法，瞬间改变扣球的落点、路线、速度、性能，以达到直接得分或给对方接球制造困难的手段。

扣球线路变化

(1)将直线与斜线相结合，将长线与短线相结合；

(2)利用助跑路线和扣球线路不同，迷惑对方拦网和防守；

(3)找对方“薄弱”队员，或者找空当。

扣球动作变化

(1)运用转体、转腕，改变球的线路；

(2)变正面扣球为勾手扣球；

(3)二次球进攻技术；

(4)高点平打，造成对方打手出界；

(5)时间差；

(6)轻叩或吊球。

拦网个人战术

拦网个人战术主要是根据对方扣球的具体情况，突然改变拦网手形、路线或撤手等方法，实现拦网目的。

拦网个人战术要点为：

(1)拦网队员可采用在拦斜线位置起跳拦直线球，或者在拦直线位置起跳拦斜线球，用以迷惑对方；

(2)改变空中拦网手的位置；

(3)在空中将手及时收回，避免造成打手出界。

防守个人战术

防守个人战术是根据对方进攻的意图和本方拦网情况，在接球前所做出的正确的预判和采取的相应措施。

防守个人战术要点为：

(1)根据二传的方向和落点，迅速做出预判，并立即移动到相应位置，正对来球，迅速取位；

(2)根据二传与球网的距离和扣球队员击球点的高低，选择前后位置；

(3)根据扣球队员的助跑路线和扣球队员起跳后人与球的关系，选择左右位置，一般取在人与球的延长线上；

(4)根据对方队员的特点，采取相应的防守行动，对方只打不吊，取位要靠后，打吊结合则取位要灵活；

(5)根据前排拦网队员的情况，主动选择防守位置，加以配合和弥补；

(6)根据比分情况，分析和揣摩扣球队员的心理活动，正确做出预判，并采取有针对性的防守措施。

第三节

集体战术

集体战术是指是建立在进攻阵形与进攻打法及防守阵形与防守方法基础上，两名或两名以上队员之间有组织、有目的的协调配合。集体战术的设计与实施是在长期练习中形成的，是球队战术风格和特点的体现。集体战术的设计要根据队员体能和技能等具体情况，不可盲目模仿。

基本组织形式

阵容配备是进攻阵容的基础，场上扣球队员和二传队员的配备和站位，将决定进攻阵形的选择。集体战术的基本组织形式包括阵容配备、阵容配备原则、场上队员位置交换和进攻战术信号联系方法等。

阵容配备

"三三"配备 见图 4–3–1

由 3 个扣球队员和 3 个传球队员组成。其特点是扣球队员与二传队员均等，适用于初级球队。

"四二"配备 见图 4–3–2

由 4 名扣球队员和 2 名二传队员组成，适用有一定技术基础的球队。这种配备要求 2 名二传手必须有较强的进攻和拦网能力，每个轮次都能保持前排"两点攻"。主攻和副攻的顺序可以调整。

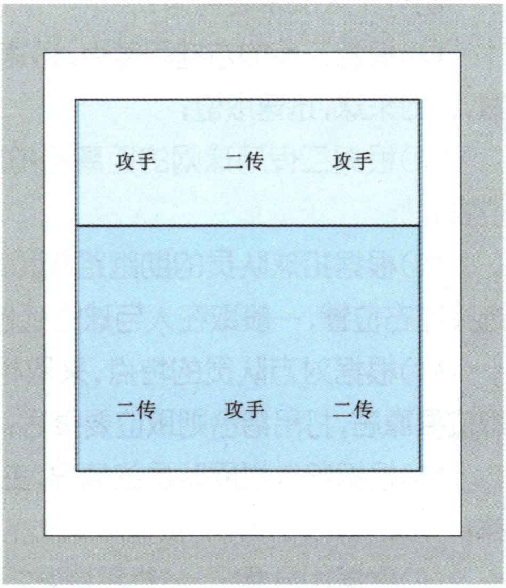

图 4–3–1

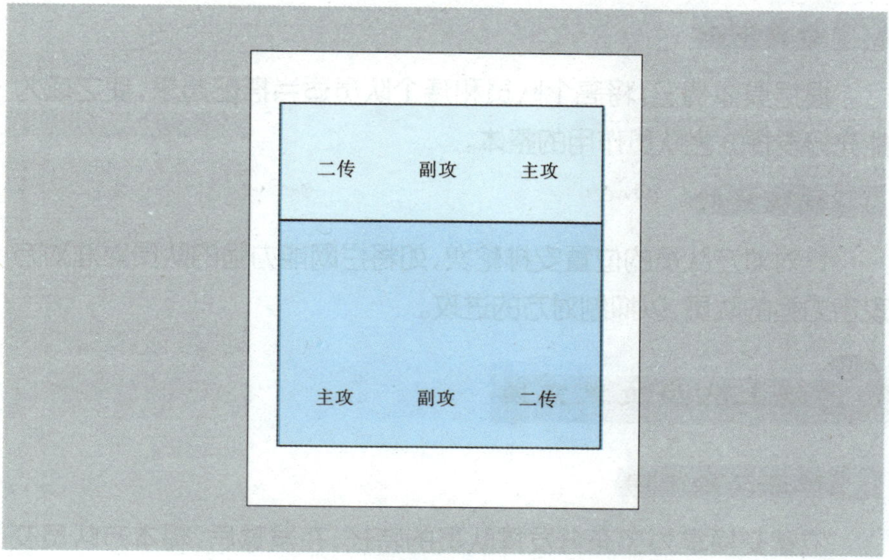

图 4-3-2

"五一"配备

见图 4-3-3

由 5 名扣球队员和 1 名二传队员组成，是现代排球运动普遍采用的阵容配备。这种配备进攻性强，要求接应二传技术全面，必要时能替二传手传球组织进攻。

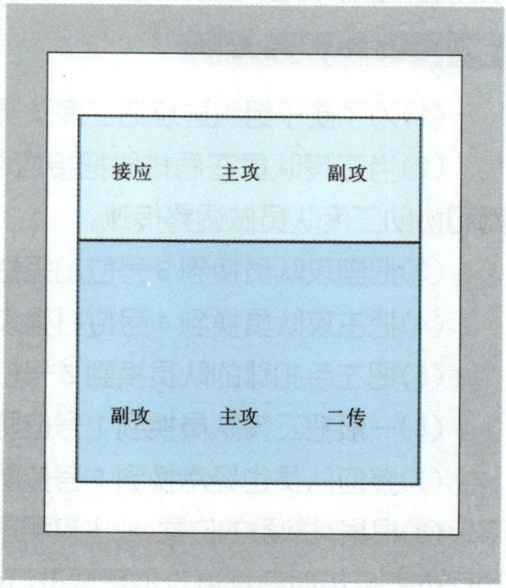

图 4-3-3

阵容配备原则

攻守均衡

二传与接应二传、主攻与主攻、副攻与副攻呈对角线站位。这种配备可保持每个轮次的攻守力量相对均衡，避免弱轮的出现。

合理搭配

根据具体情况，将高个队员和矮个队员适当搭配起来，使之成为能充分发挥 6 名队员作用的整体。

轮次针对

针对对方队员的位置安排轮次，如将拦网能力强的队员对准对方攻击力强的队员，以抑制对方的进攻。

场上队员位置交换

位置交换作用

位置交换是为了充分发挥队员的特长，在发球后，将本方队员交换到合理的位置，有利于组织攻防战术。

位置交换时机

（1）本方发球时，同排队员要相互靠近，脚着地部分不得重叠或超越，在发球击球的同时或击球后，，交换位置；

（2）对方发球时，后排位置的二传队员站在同列的前排队员后面或侧面，移动“插上”到前排组织进攻。

位置交换的方法

（1）为了便于组织进攻把二传队员换到 2 号位；

（2）当二传队员在后排时把接应队员换到 2 号位，是为了加强拦网和协助二传队员做调整传球；

（3）把副攻队员换到 3 号位加强拦网和打快球；

（4）把主攻队员换到 4 号位打强攻；

（5）把左手扣球的队员换到 2 号位便于顺手扣球；

（6）一般把二传队员换到 1 号位防守，便于插上二传；

（7）接应队员也经常换到 1 号位防守，便于在 1 号位打后排进攻；

（8）根据其熟悉的位置，把主攻和副攻进行换位（5 号位或 6 号位），也可依据反击时后排进攻的需要进行位置交换；

（9）把自由防守人替换到防守任务较重的区域进行防守。

注意事项

(1)一定要在发球队员击球之后再换位，严防“位置错误”犯规；

(2)换位行动开始后，要迅速进入要换的位置，准备下一个动作；

(3)换位时要协同配合，防止相互干扰行动，成死球后，应立即返回原来的位置；

(4)自由防守人的换位要有灵活、机动的安排，并统一指挥。

进攻战术信号联系方法

手势信号

用不同手指数量、手掌形状来通知队员进行预先规定的战术配合，在接发球进攻时普遍采用。发手势信号时，通常要用身体遮挡，手势要简单、清晰、好记。

落点信号

一般在一传不到位时使用，按落点的不同打既定的战术。

进攻阵形

进攻阵形是指进攻时所采用的基本队形。进攻阵形的选择要根据本队的实际情况而定，不可盲目效仿。进攻阵形主要包括“中二传”进攻阵形、“边二传”进攻站位、“反边二传”进攻阵形和“插上”进攻阵形等。

“中二传”进攻阵形

由前排一名队员在3号位做二传，其他队员参加进攻的阵形，称为“中二传”进攻阵形。“中二传”进攻阵形是最基本的进攻阵形，特点是二传在中间，一传容易到位，战术可简可繁。进攻站位及变化主要有“大三角”站位、“小三角”站位、“边换中”成“中二传”站位、插上成“中二传”站位等几种阵形。

"大三角"站位 见图 4-3-4

这是最基本的进攻站位方法，由 3 号位、4 号位、2 号位队员构成大三角站位，主要以 2 号位、4 号位进攻为主，辅助后排进攻。

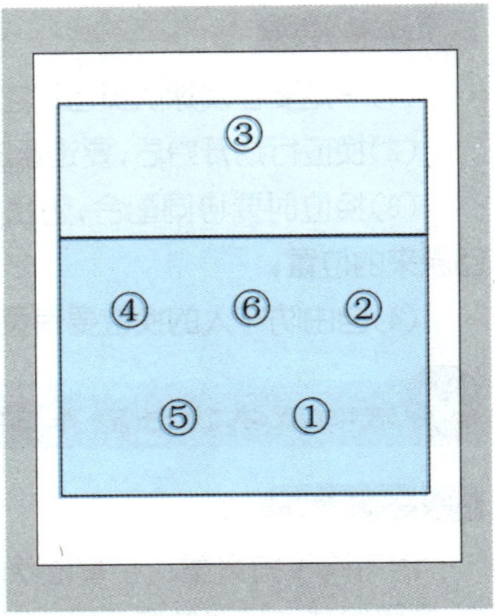

图 4-3-4

"小三角"站位一 见图 4-3-5

由 3 号位、4 号位、2 位队员构成小三角站位，主要以 2 号位、4 号位利用球网前半段进攻为主，易组成 4 号位、3 号位区段的战术攻。

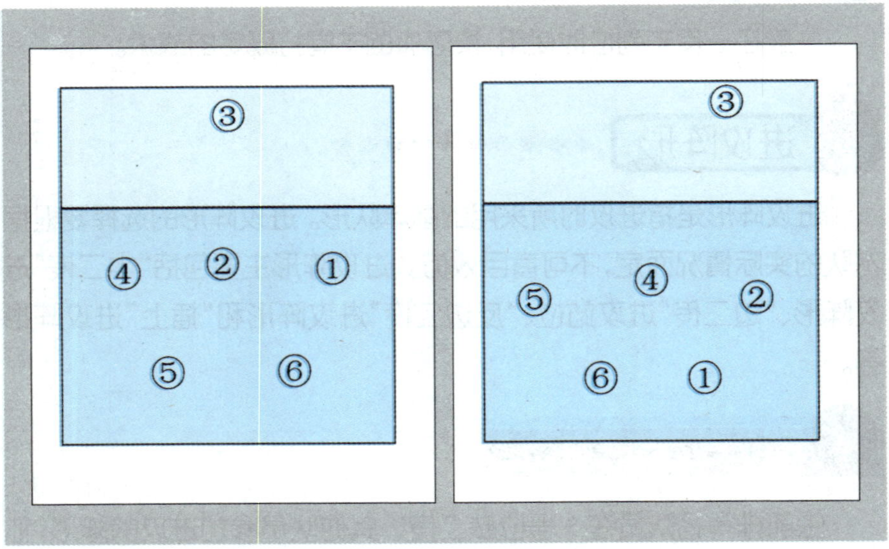

图 4-3-5

"小三角"站位二 见图 4-3-6

由 3 号位、4 号位、2 号位队员构成小三角站位，主要以 2 号位、4 号位利用球网后半段进攻为主，易组成 3 号位、2 号位区段的战术攻。

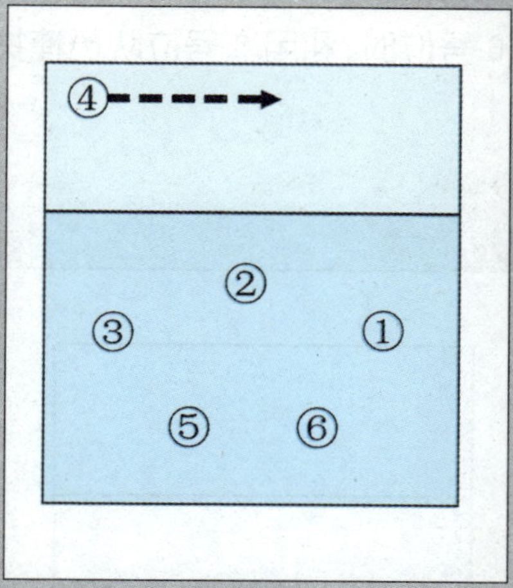

图 4-3-6

"边换中"成"中二传"站位

见图 4-3-7

当二传队员轮换到 2 号位时，在对方发球瞬间，跑动到 3 号位，组织本队进攻。

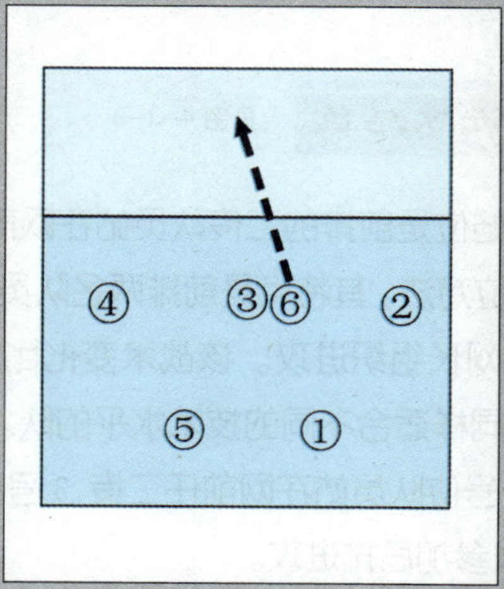

图 4-3-7

插上成"中二传"站位

见图 4-3-8

当二传队员在 6 号位时，利用 3 号位队员掩护，插上到前排组织本队进攻。

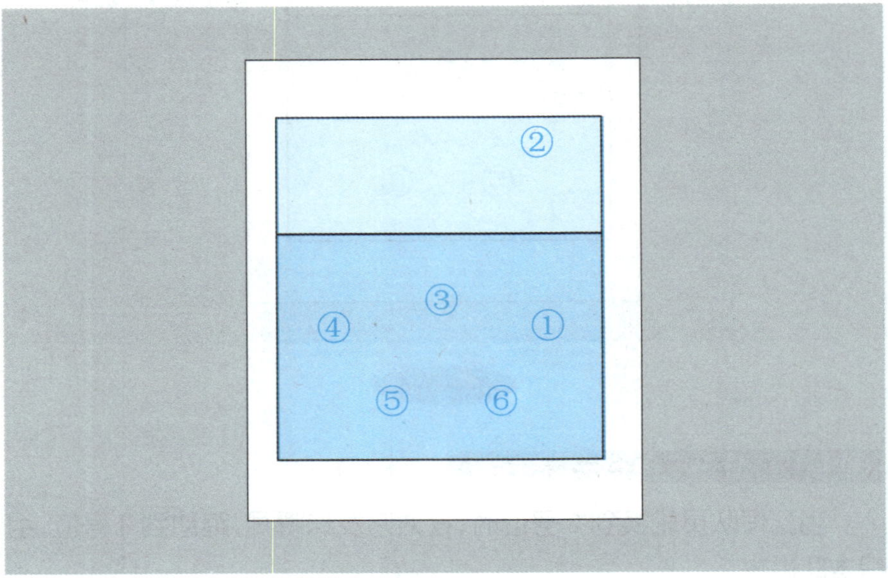

图 4-3-8

"边二传"进攻站位

见图 4-3-9

"边二传"进攻站位是前排的二传队员站在网前 2 号位或 4 号位，组织本队进攻的站位方法。其特点是前排两名队员相近，相互配合，充分利用球网一侧的网长组织进攻。该战术变化比"中一二"进攻阵形多，战术可简可繁，同样适合不同的技术水平的队。同时，也增加了一传、二传的难度。2 号位队员站在网前任二传，3 号位、4 号位队员参加前排进攻，其他队员参加后排进攻。

图 4–3–9

“反边二传”进攻阵形

见图 4–3–10

二传队员站在 4 号位组织 2 号位、3 号位队员，后排其他队员参与进攻。反边二传进攻阵形通常是在 2 号位、3 号位队员是左手扣球时采用，也可以在来不及换位成边二传时采用。

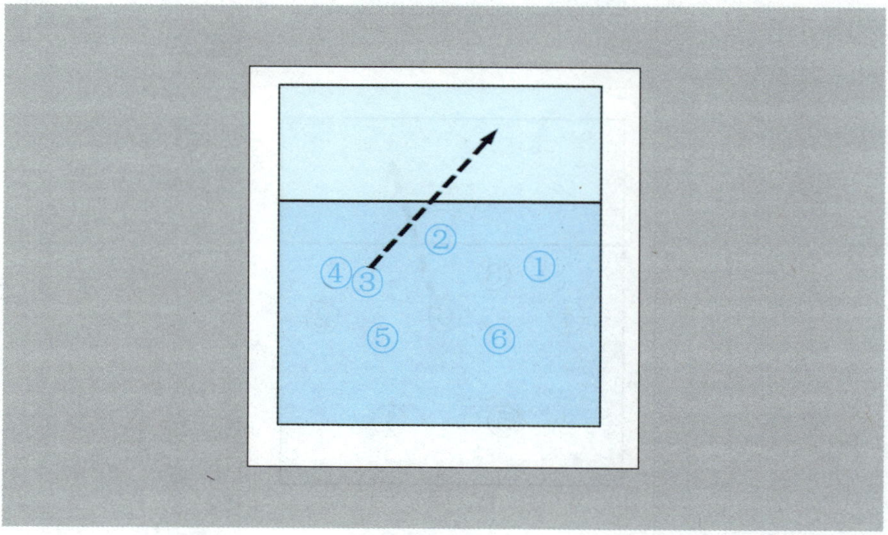

图 4–3–10

“插上”进攻阵形　见图 4—3—11

在二传队员到后排时利用同列队员作掩护，“插上” 到前排做二传，保持前排 3 名队员进行扣球的战术形式称为“插上”进攻阵形。这种阵形被国内外强队所普遍采用。

(1)在 2 号位插上成“边二传”；

(2)后排二传队员到前排做二传，组织前排 2 号位、3 号位、4 号位队员扣球；

(3)二传队员在前排时，利用假插上成“边二传” 。

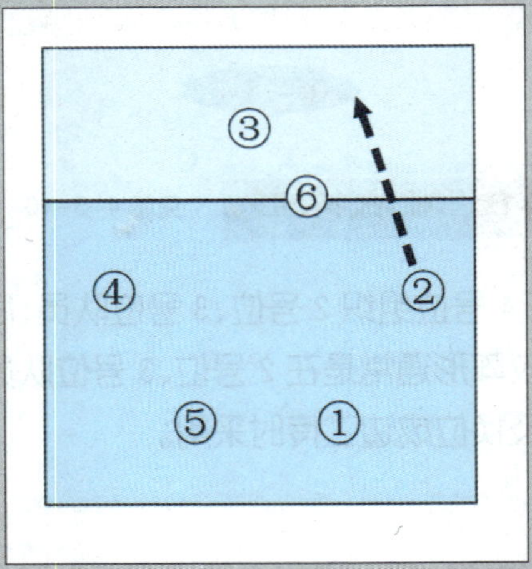

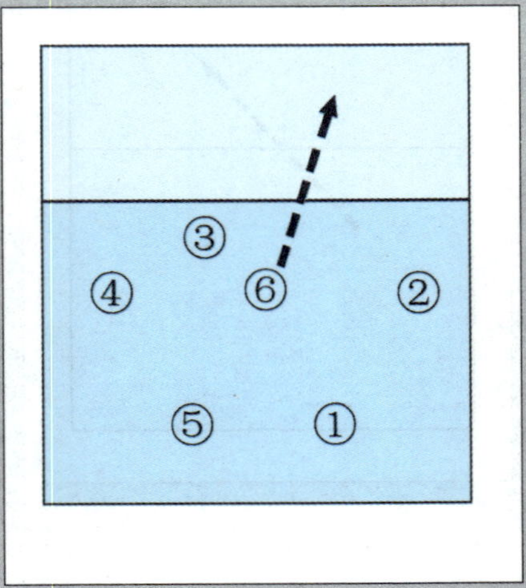

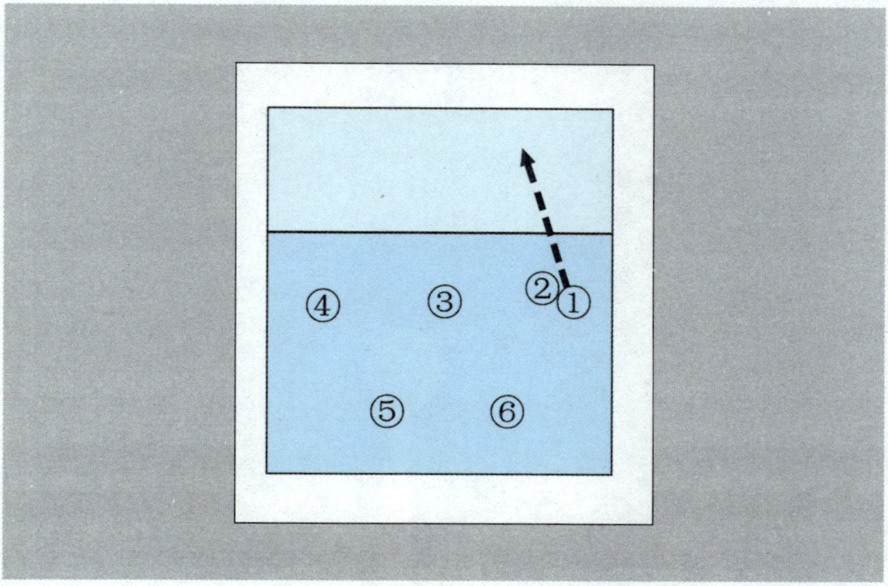

图 4-3-11

第五章 基本规则

制定各项运动的比赛规则，有助于全民健身运动的深入开展。比赛参与者应该了解运动规则的基本知识，以使自己在比赛过程中游刃有余地发挥技术水平。比赛观赏者也只有在了解基本规则的前提下，才能够充分体验观赏比赛的乐趣。

第一节 比赛方法

排球是一项集体比赛项目，比赛的目的是将球击过球网，使其落在对方场区的地面上，并防止球落在本方场区的地面上。

球队组成

每支球队包括 12 名球员、1 名教练、1 名助理教练、1 名训练员和 1 名队医（非正规比赛可适当减少人员，以不影响比赛为准）。两支球队各派 6 名队员上场比赛。

比赛形式

排球比赛采用 5 局 3 胜制，胜 3 局的队胜 1 场。比赛中，某队胜 1 球，即得 1 分，继续发球；如果接发球队胜 1 球，则获得发球权，同时得 1 分。

第 1 局至第 4 局中，先得 25 分并至少领先对方 2 分的队胜 1 局；第 5 局中，先得 15 分并至少领先对方 2 分的队获胜。

比赛程序

发球

第 1 局和第 5 局由抽签所选定的具有发球权的队首先发球，其他各局由前一局未首先发球的队发球。当发球队胜 1 球时，原发球队员继续发球。当接发球队胜 1 球时，接发球队获得发球权并轮转，由前排 2 号位队员（转至后排）进行发球。

轮转次序

发球队员击球时，双方队员（发球队员除外）必须在本场区按轮转次序站位。靠近球网的 3 名队员为前排队员，其位置为 4 号位(左)、3 号位(中)和 2 号位(右)。另外 3 名队员为后排队员，其位置为 5 号位(左)、6 号位(中)和 1 号位(右)。接发球队获得发球权后，该队队员必须按顺时针方向轮转一个位置(2 号位队员转至 1 号位发球，1 号位队员转至 6 号位等)。

暂停

每局比赛中，每队最多可请求 2 次暂停，暂停时间限制为 30 秒钟。第 1 局至第 4 局，每局另外有 2 次时间各为 60 秒钟的技术暂停，当每当领先队达到 8 分和 16 分时自动执行。决胜局(第 5 局)没有技术暂停，每队在该局中可请求 2 次 30 秒钟的普通暂停。

换人

一局中每队最多可换人 6 次，可以同时换 1 人或多人。每局开始阵容中的队员，在同一局中可以退出比赛和再上场 1 次，但只能回到原阵容的位置。替补队员只能上场比赛 1 次，替换开始阵容的队员，而且该队员只能由被他替换下场的队员来替换。

局间休息

所有局间休息的时间均为 3 分钟。

交换场地

每局结束后两队交换场区，决胜局除外。决胜局中，某队获得 8 分时两队交换场区，不休息，队员在原来的位置继续比赛。

第二节 裁判方法

在比赛过程中，裁判人员通过履行其职责，进行正确的裁判工作来保证比赛的公平、公正。

裁判人员

裁判人员包括第一裁判员、第二裁判员、记录员和 4 名(或 2 名)司线员。

犯规

发球犯规

击球时犯规

(1)发球次序错误;

(2)发球队员在击球时或击球起跳时,踏及场区(包括端线)或发球区以外地面;

(3)发球队员在第一裁判员鸣哨允许发球后 8 秒钟内未将球击出;

(4)球未被抛起或持球手未清楚撤离就击球;

(5)双手击球或单手将球抛出、推出;

(6)将球抛起准备发球却未击球。

击球后犯规

(1)球触及发球队其他队员或球的整体没有从过网区内通过球网的垂直平面;

(2)界外球;

(3)球越过发球掩护的个人或集体(在发球时,1 名或 2 名以上队员密集站位或挥臂跳跃、移动遮挡接发球队员,且发出去的球从他或他们上空飞过,则构成个人或集体发球掩护犯规)。

位置错误犯规

发球队员击球时,如果场上队员不在其正确位置上,则构成位置错误犯规。有下列情况之一者均为位置错误犯规:

(1)发球队员击球时,场上其他队员未完全站在本场区内;

（2）发球队员击球时，场上队员未按“每一名前排队员至少有一只脚的一部分比同列后排队员的双脚距中线更近”的规定站位；

（3）发球队员击球时，场上队员未按“每一名左边（右边）队员至少有一只脚的一部分比同排中间队员的双脚距左（右）边线更近”的规定站位。

击球犯规

连击犯规

比赛时，队员身体任何部位均可触球，但一名队员（拦网队员除外）连续击球 2 次或球连续触及其身体的不同部位即为连击犯规。但在第 1 次击球时，允许队员在同一击球动作中，球连续触及其身体的不同部位。

持球犯规

在比赛中，队员身体的任何部位均可触球，但球必须被击出，不得接住或抛出，否则即为持球犯规。

四次击球犯规

一个队连续触球 4 次（拦网除外）为 4 次击球犯规。队员无论是主动击球还是被动触及，均计该队员击球 1 次。

借助击球犯规

队员在比赛场地内借助同伴或任何物体的支持进行击球，皆为借助击球犯规。

球网附近犯规

对方进攻性击球前或击球时，在对方空间触及球为过网击球犯规。

过中线犯规

队员整只脚、手或身体其他任何部位越过中线并接触对方场区，为过中线犯规。

触网或触杆犯规

队员在击球时或干扰比赛情况下的触网或触标志杆为犯规，其他情形的触网，不是犯规。

网下穿越犯规

如果网下穿越进入对方空间的队员妨碍了对方比赛，则为犯

拦网犯规

过网拦网犯规

对方进攻性击球前或击球时，在对方空间拦网触球为过网拦网犯规。判断过网拦网的依据是进攻队员与拦网队员触球时间的先后。

后排队员拦网犯规

后排队员或后排自由防守队员完成拦网或参加了完成拦网的集体，为后排队员拦网犯规。

拦发球犯规

拦对方发过来的球为拦发球犯规。

从标志杆外伸入对方空间拦网犯规

从标志杆外伸入对方空间拦网并触球为拦网犯规。